シリーズ
現場から

ガクちゃん先生の学校通信

隠れたカリキュラム、障害があるからできる教育実践

三戸 学
sannohe manabu

言視舎

プロローグ――明日を信じて、今日を生きる

僕は先天性の脳性まひという障害をもちながら、教師に憧れ、目指してきた。周りからは「障害者雇用で、他の職業に就職したら」とアドバイスをされたこともあるが、僕は自分の目標に向かうことを決意した。

僕が教員採用試験を受験した頃は、超氷河期と呼ばれる時期で、試験は難関であった。何度も落ち込むこともあったが、諦めずに挑戦し、3回目の挑戦で合格した。2001年4月に教師生活をスタートし、23年間、教師として働き続けている。

僕にとって学校は自信をつける場所であり、自分を受け入れてくれる場所でもあった。クラスメイトが僕のありのままの姿を受け止め、共に学校生活を過ごしてくれたことで、僕は自信を育み、それは明日に向かって進む原動力となった。

そして、今度は僕自身が教師として、子どもたちに「ありのままの自分でいいんだ」という自信を与えていきたい。自己肯定感を育むことが重要であり、そのためには内面から湧いてくる自信が必要である。僕は障害を持つ教師として子どもにとってのロールモデルとなり、教育的効果をもたらす存在になれるよう、日々努力を続けている。

2019年4月に文部科学省が公表した「障害のある人が教師等として活躍することを推進する～教育委員会における障害者雇用推進プラン～」には、《障害のある教師が身近にいることで、障害のある教師との対話は、児童生徒等にとって、共生社会に関する自己の考えを広げ深める重要な教育資源となると期待される。学校現場において障害のある教師の存在は、教科書には明示されていないが、非言語的な教育内容や社会的・文化的な暗黙のルールや価値観を子どもに伝えることができる。》ということが記されている。

僕たち障害を持つ教師が、子どもとっての重要な教育資源であることが認められ、その存在がより一層求められているのである。つまり、〝隠れたカリキュラム〟なのである。

僕自身、障害を理由に、学校で自信を失ってしまった経験がある。反対に、自己肯定感をもつことの大切さを学んだ場所も学校である。この経験から、僕は教師の役割を果たすうえで、子どもが自己肯定感を持ち、自己実現を果たせるような支援を心がけている。

僕が教育現場で大切にしていることの一つは、生徒たちが自分自身を受け入れることを促すことである。自己肯定感を持ち、自分自身を受け入れることができると、生徒たちは自分自身の力を発揮し、自己実現を果たすことができる。そのため、僕は、生徒たちに対して、自分自身を受け入れることの大切さを伝え、自己肯定感を育むように指導している。

さらに僕は、生徒たちが自分自身の可能性を信じる力を育むことを大切にしている。自分自身に自信を持ち、自分自身の可能性を信じることで、生徒たちはいろいろなことに挑戦しようとする。しかし、現実には自分を受け入れることができず、自己否定や自己嫌悪に苦しむ生徒もいる。こうした生徒たちにとって、教師のほうが自分の経験を語り、自分を受け入れる大切さを伝えることは有意義であり、心の支えになるだろう。

令和3（2021）年度、教職員の精神疾患による病気休職者数が過去最高を記録したことは、教職員の働き方や職場環境に課題があることを示している。教職員の仕事は子どもの教育・指導に責任をもち、保護者や地域との連携、授業や学校行事の準備など多岐にわたる業務を担っているため、時間外労働が多く、ストレスや負担が大きく、心身の健康に影響を及ぼすことがあるとされている。

また、教育現場においては見えない同調圧力が存在する。教員同士や教育委員会からの期待や要望に対し、適切な対応をしようとするため、自己犠牲や自己抑制が求められることがあり、個性を押しつぶされたり、自己表現が抑制されたりすることがある。このような状況で働くことは、教職員にとって息苦しさを感じるときがあり、精神的な問題を抱える原因になることがある。

教育現場では、職場環境の改善、適切なストレスマネジメント、心理的なサポートなど教職員のメンタルヘルス対策が重要視されている。また、職員同士のコミュニケーションの活性化などが推進されている。子どもにより良い教育をするために、教職員一人ひとりが健康で活躍して働くことは必要不可欠である。

教育現場の息苦しさを軽減する一つの糸口は、教育現場を多様性のあるものにしていくことだろう。教育現場で、障害のある教師が活躍して働くことで、子どもは多様性や共生社会をリアルに学ぶことができる。これからの教育の一つのキーワードは多様性の尊重である。多様性と真逆な同質性に気づかないまま向かっているから、働きながら息苦しさを感じることもある。


本書は、２００３年6月11日～２００８年3月29日まで朝日新聞秋田版に連載したもの、朝日新聞「私の視点」に掲載されたものを再構成した。教師としてのモットー、ありのままの日常生活、数学の授業風景、スポーツで広がった世界、学校行事での役割、緊急時の対応、地域で生きる姿、転勤、障害のある私の視点の９つの章立てで構成している。今、これらの文章を読み直し、社会と教育のあり方を考えることができると思った。

「明日を信じて、今日を生きることができるのではないか」

障害者雇用の推進は、社会全体にとっても非常に大切なことである。障害を持つ人たちが活躍する社会は、社会全体がより豊かなものになる。その具体例を多くの人々に届けることを決意した。

目次

2 日常生活

3 数学の授業

4 障害者スポーツ

5 学校行事

6　自然災害への対応

1 モットー

1　階段での出来事──生徒に「助け合いの心」育つ

秋田西中は2階に体育館があります。階段を一人で上り下りができない僕にとって、体育館に行くためにはサポートが必要です。

ある日の放課後の出来事。体育館から職員室に戻ろうと、近くにいた男子生徒に「1階に下りたいので、肩を貸してくれますか」と声をかけました。すると、「嫌だなぁ、先生に肩を貸したくない」と軽いのりで断りの返事。「○○君が肩を貸してくれないと、僕は職員室に戻れないよ」と言うと、「他の人に頼んでよ」。その場は別の生徒の肩を借りて階段を下りました。

教師生活4年目。今までもサポートを頼んで、生徒が断ることはありましたが、「肩を貸しなさい」と威圧的に生徒と接することはできません。生徒に強制したことは一度もありませんでした。教師と生徒の関係というより、人と人との関係と考えているからです。生徒は僕に肩を貸したくて、貸してくれていると受け止めています。

街中でも、僕が声をかけて気軽に応じてくれる方は7割くらい。3割は通り過ぎていきます。大人ができないことを、子どもに押し付けることはできません。子どもに助け合いを説くのなら、大人が手本となって子どもに見せることが大切と考えます。

教師だから手伝うのではなく、困っている人に、そっと手を差し伸べる生徒になってほしい。今まで、手すりに寄りかかって階段を上ろうとして汗だくになった姿や、階段をはって上る姿など、不便な姿を生徒に見てもらいました。ゆっくりと時間をかけて、「助けたい」と思う気持ちが育つのを待ちました。だけど、今回はちょっと違いました。

次の日の休み時間、サポートを断った生徒が「昨日は、手伝わなくてすみませんでした」と謝りに来ました。階段の様子を見ていた周りの生徒から男子生徒の担任に伝わり、謝るよう促されたのでした。

僕は全く気に留めていなかったのですが、周囲の生徒が気に留めていたのでした。「お互いに助け合う心」が育っているように思いました。生徒の成長を感じることができ、うれしく思いました。男子生徒には「気にしていないよ。謝りにきた君の気持ちがうれしい。良い仲間を持ったね」と伝えました。

その日の放課後。男子生徒から「先生、車いす押しますよ」「ありがとう。これからも、頼むね」と言うと、「いいよ」と笑顔で応えてくれました。

2 障害児と学校——可能性広げる自由な選択を

先日、東京都文京区で「原則統合連続学習会」があり、講師として行ってきました。『原則統合』とは、健常児も障害児も基本的に同じ学校で学ぼうとする教育理念です。読者のみなさんはご存知ないかもしれませんが、障害児は小学校へ入学するときに、地域の公立小学校か特別支援学校を選択します。子どもや両親が特別支援学校で学びたい希望があればよいのですが、多くの場合は地域の小学校で学びたい希望があるのにもかかわらず特別支援学校へ通学している現状です。

ただし、僕が小学校に入学した頃に比べて、「ボランティア」「バリアフリー」という言葉が一般的に浸透し、社会が少しずつ変化しています。最近では障害児が希望する学校に通学できるようになりつつありますが、学校によっては十分なサポートを受けられず、楽しめないという障害児の声を聞くことがあります。

20年前、母は生まれつき脳性まひである僕の入学先で悩んだそうです。就学前に、母は地元の秋田市立日新小学校、旭南小の障害児学級、県立秋田養護学校、秋田大教育学部附属養護学校、障害児入所施設「桐ヶ丘療護園」の5カ所を見学したそうです。この話を聞いたとき、「健常児は地域の小学校に通学できるのに、どうして障害児は様々な教育機関から選ばなくてはならないのだろう」と素朴な疑問を抱きました。そして、このことこそが健常児と障害児の違いなのだろうと思いました。

母は地域の小学校が一番よいと考えました。僕は覚えてないけれども、母に「幼稚園の友だちとこれからもずっと遊びたい」と言ったらしいです。今、僕が自分らしく満足のいく生き方ができているることを考えると、6歳の選択は間違いではなかったと確信しています。体育の時間に走ることが遅いから見学を勧められたり、音楽の時間に「三戸君の歌は聞かなくても分かる」と歌のテストを受けさせてもらえなかったり……星の数だけ悔しい思いを経験してきました。しかし、それ以上にごくごく自然な共有感を体験してきました。

よく「なぜ、運動会を走りたいの?」と先生は聞いてきました。僕は「ビリでもよいから走りたい。みんなと一緒に〝走った〟事実を共有したい」と応えていました。運動会が終わって、クラスメイトと「疲れたね」と言い合い、一緒に笑ってきました。そして、今でも続く友だちを得ることができました。

2004年の夏、米国アーカンソー州へ研修に行きました。現地の中学校を訪問して、米国人教師に聞くと、「学校は、すべての子どもが生活しやすい建物でなければなりません。アメリカは健常児と障害児が共に学ぶインクルーシヴ（包括的）な教育をやっています。テキストを点字に訳したり、授業に手話通訳をつけたり、本人が希望するサポートが受けられます。ただ、本人が望んだ場合に限り、障害児学級で教育を受けることができます」と説明してくれました。

障害児のほとんどは高校を卒業すると社会に出ます。18歳を過ぎてから「健常者も障害者も共に生きていこう」と唱えられても、一番多感な時期を一緒に過ごしていなければ、具体的に分からないと思います。

どの子も無限の可能性を持っています。その可能性を最大限引き出すために、障害児は特別支援学校へという短絡的な発想でなく、本人が希望する学校で楽しく学校生活を送ることができるように、尽力していきたいと考えています。

3　僕の1日――階段昇降周囲の助けが支え

ある時から、ある1年生の男子生徒といっしょに学校へ行くようになりました。ある朝、いつものように玄関を出て、電動車いす置き場に行くと、男子生徒が待っていました。

生徒が「たまたま通りかかったら、先生の電動車いすがあったから、待っていたんだ。僕の家、先生の家のすぐ近くだから、先生の家に迎えに来てもいい？」と聞くので、「いいよ。7時40分ごろに、迎えに来てね」と生徒と約束しました。

その日以来、毎朝7時40分ごろ、その生徒が迎えにきます。電動車いすで約6分の通勤時間。部活動や授業、好きな音楽のことなどを話して、いっしょに学校へ行きます。生徒が約束の時間に遅れると、僕が先に学校へ行きます。僕が先に行ったかどうかは、電動車いすの有無で分かります。雪が積もると、電動車いすが埋まるので、「春が待ち遠しいね」と話しながら学校へ行っています。

7時55分頃に学校へ着くと、出勤簿に捺印して、出勤札を引っくり返します。そして、8時ごろに同僚の先生と3階にある1年生の教室へ向かいます。このとき、階段昇降機を使って上ります。1日の始まりで、あまり体力を消耗しないようにするためです。

昇降機は電動の手押し車のような作りで、僕はいすに座り、同僚の先生が操作をしながら上り下りさせてくれます。1階から3階に着くまでにかかる時間は約5分。昇降機に乗っていると、1年生の生徒はもちろん、3年生とも階段で対面します。生徒一人ひとりの表情を見ながら、「おはよう」と声をかけることが日課です。生徒たちも「おはようございます」と返してくれます。

3階に着くと、昇降機から降りて、校内専用の電動車いすに乗り換え、クラスに行きます。8時ごろから、朝読書や学活の時間を過ごして、1時間目の授業に入ります。

1週間に1度は職員室で朝の打ち合わせがあるので、8時20分ごろにいったん1階へ降ります。同僚の先生の肩を借りて階段を降り、1時間目に授業があるときは、再び同僚の肩を借りて3階へ向かいます。

授業後も同僚の先生の肩を借りますが、だれもいない場合、3階の教科準備室から職員室に内線電話をかけ、だれか空いている先生に来てもらいます。

職員室から教室に向かうときは、普段は先生と一緒に3階まで行きますが、時々は生徒と一緒に上る機会を作りたいと思い、階段に座って待つことがあります。そして、最初に通りかかった生徒に声をかけて、一緒に上ります。3階までは、2人の生徒に両脇を抱えてもらっています。

このような感じで、1日を過ごします。朝から放課後まで、1階~3階を5往復くらいします。1日の終わりには、再び階段昇降機を使って下ります。同僚の先生方や生徒の日常的なサポートが僕の教師生活を支えています。

放課後、僕が担当する卓球部の生徒が僕を迎えに来て、2階の体育館へ連れて行ってくれます。

部活が終わると、生徒と一緒に階段を降ります。そして、職員室で授業のプリントを作ったり、生徒へのコメントを書いたりします。

自宅に仕事を持ち帰ることが嫌なので、ほとんどの仕事を学校で片付けます。パソコンのキーボードは、右手の人差し指1本を使い、カナ入力で打ちます。ローマ字入力より、タイプする回数が少なくてすむからです。帰宅は、毎日午後8時ごろです。

この年度1年間は、このように過ごしました。11日は卒業式、18日は終了式があります。1年が終わるにあたり、あらためて同僚の先生と生徒に感謝したい気持ちでいっぱいです。僕とかかわる人の何げない助けがあるからこそ、僕の教師生活が可能となっています。

4　小学校の運動会——徒競走から始まった今の僕

ある土曜、雲一つない五月晴れでした。男子卓球部の練習の合間に、ある生徒が「今日、（弟の）日新小学校の運動会だよ。部活動が終わったら見に行くんだ」と言います。

これを聞いて、僕も運動会に行きたくなりました。正午に練習が終わると、自宅で昼食をとり、電動車いすで向かいました。

秋田市立日新小学校は僕の母校です。日新小に行くことは、卒業以来。向かいながら、ワクワクした気分になりました。途中、友だちとランドセルを背負って歩いていた記憶がよみがえりました。日新小の校門前には坂があります。その坂を上っていくと、少しずつ校舎とグラウンドが見えてきました。校門脇には、ババヘラアイスを売っているおばちゃん。校門を過ぎると、万国旗が飾ってありました。

当時のままのグラウンド。懐かしさのあまり、気ままに電動車いすでぶらついていると、ある生徒の保護者が声をかけてくれました。「先生。見に来たんですか」。午前の部がおわり、時々風が吹いては土煙が起こるグラウンドを見ていて、小学校1年生の運動会を思い出しました。

——80メートル競争。「順位を気にしているかもしれないけど、最後まで走ることが大切なのよ」。

担任の先生が不安な表情の僕に声をかけてくれました。徒競走でビリはその時に始まったことではなく、ビリでもいいから走りたいと思っていました。けれど、初めて全校児童や保護者の前で走るため、言いようがない不安に駆られていました。

いよいよ、出番。６人がスタートラインに並ぶ。

「イチについて、ヨーイ、ドン」走れば走るほど、差は広がっていく。僕が20メートルを走ったところで、ほかの５人はゴール。残り60メートルは孤独な闘い。一心に走っていると「ガンバレ、ガンバレ」という声援が聞こえてきました。

見物しているお父さん、お母さん、児童からガンバレコール。うれしい半面、恥ずかしく、照れくさい……そんな複雑な気持ちになりました。走る前に感じていた不安はどこかに消えていました。

先生たちが再び張ったゴールテープを無我夢中で切りました。

担任の先生が僕に近寄り、力いっぱい抱きしめてくれました。僕は担任の先生に引かれて、堂々と、自分の順位の旗に並びました。ビリが一番輝いていました。

そんなことを思い出し、「このグラウンドから、今の僕が始まったのかな……」とグラウンドを見ていました。周りを見渡すと、30人以上の西中の生徒が運動会を見に来ていました。

生徒が見やすい場所まで案内してくれました。途中の段差は、数人の生徒が電動車いすを持ち上げてくれました。ある保護者は坂がある小学校までの道のりを気遣ってくれました。

午後の部は、応援合戦とリレー競技でした。自分の住む地域で開かれた母校の運動会。電動車いすに乗りながら、後輩の活躍に胸を躍らせました。

5　いっしょに――実現めざす、永遠のテーマ

北海道帯広市で開かれた後援会に、講師として招かれました。障害者やその家族、教育関係者ら約80人が会場に来ていました。

今回の講演タイトルは「生徒といっしょに～自分らしくありのままに生きる～」。僕は、講演の演題には、必ず「いっしょに」という言葉を入れています。

この言葉は、僕の永遠のテーマです。いっしょに遊び、走り、いっしょの経験をしたい――。そう自分の気持ちを伝えてきた学生時代。いっしょに働き、生きていきたい――。その実現に向けて努力している今。「いっしょに」は大好きな言葉です。

僕は地元の学校で、近所の子どもたちと学んできました。小学生のころ、一度だけ「養護学校に行こうかな」と悩んだことがありました。原因は、担任教諭が僕を特別扱いしたからです。

体育のマット運動の時、担任は見学を勧めました。「けがをしていないのに、なぜ見学をしないといけないの」僕は言い返しました。それが盾突いたと思われたようです。

それ以来、体育や音楽、図工などは「できないから、やらなくてもいい」と勝手に決めつけられました。「やれることは、やりたい」と答えると、「どうして、言うことを聞かないの」。

教師とのやりとりを見ていた、クラスメイトの態度も変わりました。僕が机に触れただけで、「汚い」とハンカチで机をふきました。「三戸と話すと、三戸みたいになるよ」。そう言って、口もきいてくれない時期がありました。

そんな時、僕を支えてくれたのが母でした。母は「今まで楽しく学校生活が送れたのに、担任が変わると、どうして息子の学校生活も変わるのですか」と、担任に僕の気持ちを伝えてくれました。すると状況が少しずつ良い方向に改善してきたのです。

結果として、養護学校で学ばなくて良かったと思います。地元の学校で学んだからこそ、今の自分があるような気がします。

講演会で「いっしょに生きるとは、具体的なことを考えていくこと」と語りました。「だれもが住みやすい社会を目指して」など、現在はスローガンだけが述べられているように感じます。具体的な「いっしょに生きる」ことが、語られていないのです。

いっしょに生きるとは、価値観を共有すること。例えば、僕は10㎝以上の段差を一人で乗り越えることが困難です。でも、いっしょに上ってくれませんか」と声をかけ、友情が芽生えたこともあります。障害者として生きていくことも、捨てたものではない――30歳を目前にそう思います。僕は段差を一人で乗り越える健常者の気持ちは分かりません。分からないからこそ、分かりたいと思っています。

講演会の後、主催団体の会員たちと意見交換しました。その団体は、健常児と障害児がともに学ぶ教育の実現に向けて、活動をしています。

地域の学校に通っている脳性まひで車いすの児童は「明日、遠足。友だちが僕の車いすを押してくれる。晴れるといいな」と言っていました。

笑顔で語る姿を見ながら、僕の小学校の遠足写真には、友だちといっしょに母が写っていたことを思い出しました。あのころ、母の付き添った遠足より、友だち同士の遠足のほうが楽しいな、と思っていたっけ……。

近くに住む大学時代の友人が会場に来てくれました。約10年ぶりの再会です。「ガクちゃんの話は説得力があるよ。考えや思いをどんどん発信して、教師の意識を少しずつ変えていってね」と言ってくれました。

秋田への帰途、帯広名物「六花亭」のマルセイバターサンドを買いました。誰へのお土産？

もちろん母の日のプレゼントです。

6　W杯と仲間たち――「特別ルール」で楽しい思い出

今、サッカーのW杯を楽しんでいます。予選リーグの日本代表の3試合は、自宅でテレビ観戦しました。

試合の翌日、生徒とサッカーの話題で盛り上がり、クイズを出しました。「子どものころ、僕はサッカーをして遊びました。さて、ポジションは?」。

ある生徒は「ゴールキーパー（GK）」と言いました。理由は「先生は移動が苦手で、走らなくてもいいから」。僕の身体的特徴を理解した上での合理的な答えです。でも正解は、フォワード（FW）。「FWは一番運動量があるポジションではないの」と首をひねる生徒に、「特別ルール」について得意になって説明しました。

サッカーは、僕にとって難しいスポーツでした。「難しい」とは、友人といっしょに楽しむことが難しいという意味です。僕は車いすを降りていましたが一度もボールがパスされてこなかった。いっしょにサッカーをやっているように見えて、一人だけ取り残されているように感じました。

そこで特別ルールを作ってもらいました。オフサイドを僕に適応しないというものです。僕はいつも相手ゴール前に陣取っているから、味方がどんどんパスをくれました。GKと1対1になり、シュートチャンスも増えました。しかし決められるシュートは2割くらい。

それでも友人たちは、ゴール前の僕にダイレクトパスを出したり、ロングパスをしたりしてくれました。

特別ルールを、いつ、誰が、どんな場面で考え出したのか記憶にありませんが、サッカーを楽しむことができました。

幼いころ、僕は身体が弱く、本を読んだり、テレビゲームをしたりして、ほとんど家の中で遊んでいました。

転機は小学校2年生の時です。クラスメイトが僕を近くの公園に誘い出してくれました。野球、サッカー、ドッジボール……。いつも、6、7人で遊んでいました。自然と体力が付き、学校の欠席日数が減りました。

そして、「絶対にシュートを決めたい」とか「絶対にヒットを打ちたい」といった、あこがれや夢をたくさんもてるようになりました。

僕が「いっしょにサッカーをしたい」というと、「足が遅いからダメだ」。「どうして、入れてくれないの」と食い下がると、「仕方ないな」と入れてくれました。僕にとって、いっしょに遊ぶことは、勉強よりも切実なことでした。

いっしょに小・中学校生活を過ごしてきた僕らは、今年30歳。久しぶりに語り合いたいと思い、有志で「秋田西中　同期会」を企画しました。8月の同期会に向け僕が代表幹事となり、出欠を取りまとめています。

有志の話し合いで、「今、僕がこうして生きているのも、仲間が僕を受け止めてくれたからだと思っているよ」と感謝すると、ある仲間は「その考えは、間違っている。いっしょに学んだ仲間だべ。それ以上でもそれ以下でもないよ」。

同期会の案内は約30人が住所不明で送り返されていますが、出欠にかかわらず全員に案内を届けたいと思っています。

人間関係が稀薄になったと言われる今だからこそ、昔の仲間を大切に思い、つながって生きていきたいと思います。

7　支え合い――「疑う」より「信じる」社会に

２００３年の秋。僕は「いのち」について考える講演会の講師として、藤里町の藤里中学校を訪れました。経験を通して、「人間は一人では生きられない」ことを語りました。小中学生や町民らが大勢来場していました。

「自殺率の高い藤里町だからこそ、人とつながり、お互いに助け合って生きることを確認する機会にしたい」。主催者の言葉が印象に残っています。

その藤里町で児童２人が殺害される痛ましい事件が起きました。

メディアでは、畠山鈴香容疑者の高校時代の卒業文集に注目が集まっています。そこに記された同容疑者を中傷するような寄せ書きを見て、心が痛むと同時に書き手の心の貧しさを感じました。

僕は教え子からの寄せ書きを大切にしています。色紙を部屋に貼って、教師として悩み迷ったときに読み返します。「この子、元気かな?」生徒の顔を浮かべながら、心の中で対話しています。寄せ書きは本来、人を励ますものです。

教師として、生徒の心をどのように豊かに育むのか――。僕は生徒に自らの体験を伝え、共に学校生活を過ごすことで、助け合いの実感をもたせることが大切だと思っています。

「不審者に話しかけられても、応じないように」。僕は生徒に常々そう指導しています。しかし、最近の「不審者」に対する反応は、過剰ともいえるほどです。生き難《がた》さを感じています。

前年冬の秋田は、例年にない豪雪でした。雪が多いと、電動車いすが雪に埋まってしまう。そんなある日、学校から歩いて帰宅することになりました。案の定、転倒。

いつもだったら、電信柱や家の塀などにつかまって立ち上がります。しかし、その日は重い荷物を背負っていたので、転んだときは仰向けの状態。

通り掛りの人に助けを求めました。「すみません、僕を起こしてくれませんか」。夜道、人の気配を感じると、声をかけました。

2人の女性が近寄ってきました。次の瞬間、「キャー、変態だー」。そう言って走り去っていきました。まもなく、別の女性に助けられ、難を逃れました。

この出来事を授業の合間、生徒に話しました。「変態と言った人、ひどいね」と生徒は言いました。「でも、みんなが知らない人に助けを求められたら、どうする」と僕が話すと、考え込んでしまいました。

僕の日常生活は、いろいろな人に助けてもらって、成り立っています。これまでも、町ですれ違う見知らぬ人にも声を掛けて、助けを求めてきました。人を信じているからこそ、見知らぬ人に助けを求めることができるのです。すべての人を疑う世の中になれば、僕は生き方を変えなければなりません。

藤里町では連続児童殺害事件がありました。障害を通して僕は、人を信じることを学びました。ますます人を疑う社会になるかもしれません。でも共に支えあって生きていく社会の大切さを、僕は伝えていきたい。

8　いじめ自殺に思う——問われる大人社会の在り方

最近、相次いで発覚した小中学生のいじめ自殺。僕は亡くなった子どもの無念さを思い、胸を痛めています。

中学生のころ、一度だけ、「死にたい」と思ったことがあります。給食のとき、女子生徒が発した一言が原因でした。

4、5人が机をくっつけて給食を食べていました。ある日、他の生徒と僕の机にすき間がありました。「いつもと違うな」と思いつつ、机をくっつけようとしました。すると彼女は「汚いから、こっちにくるな」と言い放ちました。

「どうして、そんなこと言うの」。僕の質問に、彼女は目線を合わせず、無視しました。他の生徒も同様でした。少しのすき間が、遠く離れた孤島のように感じました。おいしくない給食でした。

放課後、僕は先生に相談しました。先生はさっそく、そのグループの生徒から話を聞いてくれました。理由は「僕がこぼしながら食べるので、汚い」でした。僕は左手にフォークを持って食事をします。フォークを口元に運ぶとき、不随意運動のため手が震え、こぼさないように意識していてもこぼしてしまうことがあります。

そんな事情は、先生が理解していると思っていました。先生は、仲間はずれにした生徒たちに「汚いと言えば、三戸君が傷つく」と伝えてくれると信じていました。

が、先生の言葉は僕をさらに崖っぷちへと追い込みました。「あなたもこぼさないように食べないと、人から嫌われますよ」

さらに事態は悪化しました。僕だけ正面を向いて、給食を食べる日々が続きました。

それがきっかけになったのか、クラス全体の僕に対する態度も悪くなりました。国語の時間には僕の声が聞き取りにくいと言われ、笑われました。休み時間も一人で過ごすことが多くなりました。

遠足のグループ決めでは、仲良しだった友だちからも、「汚い」と言われ、仲間はずれにされました。「仲間に入れてほしかったら、友だちにお願いするように」。先生は、それだけしか言ってくれませんでした。

当時、僕は死に方を考えていました。靴のひもを結ぶことができないので、自分の首を絞めることができない。高いところに上ることができないので、飛び降りることもできない。「死ぬんだったら、近くにある踏切かな……」

僕は祖母に電話しました。学校でいじめられていること、僕の障害がその理由であることを伝えました。「ごめんな。ごめんな」。祖母は僕の話を聞いて、泣きながら謝っていました。続けて「決して、あなたを一人にはしない」。祖母の言葉から、一人でないことや僕がこの世の中からいなくなることで悲しむ人がいることを学びました。家族を悲しませることは絶対にしない、と心に誓いました。

2カ月後、僕へのいじめは収束していきました。子どもたちのいじめの報道を見る時、つい自分の経験と重ね合わせてしまいます。「悲しむ人がいるんだぞ、絶対に死なないでほしい」と心の中で呼びかけています。

僕は実体験を通して、子どもたちにあの寂しさを体験させたくない。悪質ないじめは、犯罪行為です。いじめには様々な背景や要因があるのでしょうが、教師を含めた大人社会の在り方が子どもたちから問われているような気がしています。

9　命の大切さ――母から学んだ「自分への愛」

藤里町に続き大仙市でも、実子を殺害した容疑で、母親が逮捕される事件が起こりました。親子関係の在り方が、改めて問われています。

僕の両親は、僕が幼いころに離婚しました。母は、僕と2歳下の妹を一人で育てました。母は子どもが独立した今、僕たちに「衣食住しか与えなかった」と言います。

講演会などで話すとき、会場から「どんなお母さんなの？」と、よく聞かれます。「衣食住しか与えられなかった」と答えると、「謙遜しているんだね。素晴らしいお母さんだ」と言ってくれます。僕にとっては当たり前の母だけど、周囲には、僕を包み込む存在のように映るようです。

小学生のころ、遊び仲間に入れてもらえず、泣いて帰ったことがありました。母はいつも抱きしめて「悔しいね。でも、あなたの気持ちを友だちに伝えたの？」首を横に振ると、「自分の気持ちを伝えようよ。友だちと遊びたい気持ちを伝えなさい」。そして、こう続けました。「それは、あなたが生きていくための使命なの」。自分の意思を伝え、相手に受け入れてもらう。僕の苦手を見透かしていたようです。僕に自信をもたせたかったのでしょう。

社会全体で、子どもに「命の大切さ」を教えています。命を大切にするとは「自分を愛し、ありのままの自分を受け入れること」だと思います。とはいえ、僕だって10代のころ、そんな崇高な理念を理解するほど大人ではありませんでした。

「障害は、神様からのプレゼントなんだよ」

思春期のころ、母の一言が胸に突き刺さりました。自分を愛することの大切さを伝えたかったのでしょうが、若い僕は反発しました。「障害は重荷だ」。不幸のどん底にいる、と錯覚した時期もありました。

大きく変えたのは、大学での一人暮らし。家族と一緒ならば、洋服の着脱ができなくても母に頼むことができました。しかし、一人暮らしではそれができません。「生きるためのサポート」を求めキャンパス内で声を掛けました。「すみません、手伝ってくれませんか」。当時の僕には勇気が必要でした。1人目は素通り、2人目には断られました。あきらめかけた3人目、「いいよ」と言ってくれました。

たった一つの出来事が、「自信」を芽生えさせてくれたのです。それからは積極的に周囲を頼ってみようと思えるようになりました。ありのままの姿を見せることで、自然に仲間が増えました。「今度生まれてくるときも、今の自分に生まれてきたい」。初めてそう思えるほど、自分が好きになっていました。

母が語った「神様からのプレゼント」の意味が、おぼろげながら分かったような気がしました。これからの人生も、この「プレゼント」を実感しながら生きていきたい。自分を愛することができれば、自然と周囲にも思いやりや愛情を注げるはずです。殺伐とした事件やいじめ問題を解決する、処方箋になるかもしれません。

10　障害者と高校受験――受け入れる工夫・努力継続を

受験シーズンの到来です。例年、この時期の中学3年生の教室には、張り詰めた緊張感が漂っています。志望校合格を目指し、受験勉強に励む生徒。そんな姿を見ると、自分が受験生だった頃を思い出します。

僕の志望校は県立秋田南高校でした。志望理由は「自宅から近い」ということで、それ以上は何も考えていませんでした。志望校が決まると僕の意志は固く、迷うことはありませんでした。

志望学科は英語科。人とのコミュニケーションが好きだったのが志望理由です。同科には推薦入試があり、その受験を考えました。当時の推薦入試は、高校が求める基準を満たさなければ、受験はできませんでした。

それを審査する中学校の校内推薦。「体育、美術、音楽、技術の点数が足らなかった。校内推薦は通らなかったよ」と担任の先生。これら技能教科の成績は、5段階評価の3。技能教科の成績が足りないことは仕方のないことでしたが、それを踏まえて推薦を希望していました。

「技能教科の点数は達しなかったが、推薦入試を受けられないか」。当時の中学校の校長は、高校に問い合わせてくれました。が、やはりダメでした。僕は落ち込みました。「障害」があると、行きたい高校にも行くことができないのか。そう思うと，受験勉強に集中できませんでした。「障害があるから、将来が真っ暗だ」。そんな投げやりな態度を、担任は感じたのでしょう。「お前を落とす学校は、学校ではない。そんな学校、行かなくてもいいよ」と。担任の言葉は心強かった。友だちも「落ちたわけではないじゃん」と励ましてくれました。

結局、志望を英語科から普通科に変更しました。でも、南高校を受験したい気持ちは変わりませんでした。

3月上旬の入試。普通科を一般受験し、合格しました。5教科の自己採点は合格点を取っていましたが、推薦入試のこともあり、合否が分かるまで不安でした。

15歳の春を笑顔で迎えたい――。誰もが願うことだと思います。二十数年前は、車いすという理由だけで能力の有無を問わず、不合格になった例が全国にありました。

ただ現在では、障害者が試験時に配慮してほしいことを伝えれば対応してくれます。より客観的に障害がある生徒の能力を判断してくれます。

母校の秋田南高では、車いすの生徒が入学すると校内にエレベーターを設置しました。こんな事例が全国各地で報告されています。

では、知的障害者が高校進学を希望した場合、その要望をどのように受け止めるのか。一般的に高校が求める学力を満たすことは難しいと思います。障害があるために仕方のないことです。

様々な障害者に対して個別に対応することは、簡単ではないかもしれません。ですが、受け入れる工夫や努力を怠るべきではありません。僕も社会に対して声を上げていきたい、と思います。

最後に、追い込み段階の受験生に一言。

受験は自分との闘いであり、最後まで自分を信じてほしい。「志望校をあきらめない」。そんな情熱が大切です。受験を機に、生徒たちが一回り大きく成長することを期待しています。

11　信頼関係を築く――気持ちが生徒に届くように

僕は人とかかわることが大好きです。多くの人と触れ合えることに喜びを感じています。ただ僕には脳性まひによる言語障害があります。僕の言葉を初めて聞く人は「聞き取りにくいな」と感じるかもしれません。

「僕の言葉が聞き取りにくかったり、僕の字が読み取りづらかったりしたならば、遠慮しないで言って下さい」。生徒にはこう話しています。

休み時間、生徒に積極的に話しかけたり、毎時間の生徒の提出物にコメントを書いたりもします。生徒には僕の障害に慣れてほしいのです。

その一方で僕は生徒のことを理解しようと努めます。生徒と気持ちを通じ合わせたいと願うからです。

学習指導でも同じことを考えています。

生徒に「数学を分かりたい気持ちこそが大切」と教えています。分からない問題をあきらめてしまうのか、分かろうとするのか。数学に取り組む姿勢は、生き方にもつながると考えています。

目の前の壁にひるんでしまうのか、立ち向かっていくのか。その気持ちを育むには、ただ口で説明してもダメだと思います。必要なのは教師との信頼関係です。

僕が中学生の時に受けた数学の授業を思い出します。「比例・反比例」の学習で、先生は反比例のグラフをかいていました。手書きで曲線をかくことは思った以上に難しく、僕の書いたグラフは、ゆがんでしまいました。

その時、先生は「こんなのは（反比例の）グラフでない。しっかりと座標を通るように書いてこい」と僕に言いました。

僕は手の障害をうまく書けない理由にすることもできたのですが、「先生が納得するようなグラフを書いてみせる」と何度も練習しました。

きっと、先生に受け止めてもらいたい、認められたいという気持ちがあったからでしょう。今思うと、厳しさの中にこそ本当の優しさがありました。先生に反発しなかったのは、信頼関係があったからです。

教師として、あの時の先生と同じような言葉を、僕は今の生徒に言えるのかなあと思います。教師の言葉に「自分を思う優しさ」と感じるか、「自分への厳しさ」と感じるか……。

これまで僕は宿題を忘れてきた生徒に「やることをやらないから、数学が分からなくなるんだよ」と指導をしてきました。すると、その日のうちに宿題を提出する生徒と知らないふりをする生徒に分かれます。

「知らないふり」をする生徒とは信頼関係を築けていないなと反省します。

指導するのは、それだけ生徒に期待しているからです。僕の気持ちが生徒の心に届くよう、信頼関係をゆっくりと焦らず築いている最中です。

12 エレベーター――誰もが働きやすい職場環境を

勤務する由利本荘市立本荘東中学校には、校内にエレベーター設備があります。同僚の先生には「1階から3階まで、電動車いすに乗りながら移動できるので、快適ですよ」と言っています。

校内を移動するのに同僚に頼むことが一つ減り、精神的に楽になりました。

障害がある僕には「一人でできる仕事」と「一人では困難な仕事」があります。職員室で「冷たいお茶を飲みたい」と思っても、お茶を注いで自分の席に戻ってくることは困難です。

ほかの先生は「何か頼みたいことがあったら、遠慮しないで話してください」と声をかけてくれます。これをとてもありがたく受け止めています。

でも時には「先生方は忙しそうだから我慢しようかなあ」と躊躇する場合があります。「積極的にお願いしなければ」と思いつつも、立ち止まっている僕。また、支援を受けるだけではなく、自分が同僚の先生にどんな支援ができるかと考えています。

ある夏、県教育委員会主催の「海外自主企画研修事業」で米国アーカンソー州のファイアットビルに行き、現地の中学校を訪問しました。ちょうど夏休みで生徒はいませんでしたが、2人の先生が校内を案内してくれました。

僕は職場で感じるジレンマを話しました。すると一人は「あなたが働きやすい職場環境は、誰にとっても働きやすい職場環境であり、すべての子どもたちが生活しやすい学校になります」と背中を押してくれました。

6月の新聞記事に、障害者を対象にした雇用・就労に関する意識調査の結果が載っていました。「約80％がもっと働けるようにするための法整備が必要」とし、半数以上が就労に関して障害を理由に何らかの差別を受けたことがある、と答えていました。

「誰もが働きやすい職場へ」のスローガンには賛成する人が多いでしょう。その半面、「障害者とともに働きましょう」の呼びかけには躊躇する方が多いようです。

「総論賛成、各論反対」ではなく、各論が大切ではないでしょうか。

雇用者の側には「ともに働く」という視点をもってほしいのです。と同時に、障害のある人も、職場などの実社会で気づいたことがあれば積極的に声を上げるべきです。

障害のある人が、障害者差別をなくすために法整備を求める気持ちは理解できます。ただその前に、「誰もが働きやすい職場環境を」と粘り強く訴える必要があります。雇用者側と障害のある人が、お互いの気持ちを通わせるまで語り合ってもらいたいです。

9月は「障害者雇用支援月間」。障害のある人の職業的自立を支援するために、様々な啓発活動が行なわれています。この機会に皆さん一人ひとりが「ともに働くこと」「働きやすい職場環境」を考えてみませんか。

13 差別や偏見――理不尽な思いまず伝える

先日、知人から、こんな相談を受けました。

「仙台の駅中食堂で、隣に座った若者は両手がなく、足でソバを食べていました。どうしていいのかわからず、混乱してしまいました。こうした障害のある人と居合わせた場合、どう対応したらいいでしょうか」

僕は「気に留めないほうが良いですね」と言いました。電動車いすで街を歩いていて、好奇な視線を感じる時にとても嫌な気持ちになるからです。

また「『何かお手伝いをすることはありませんか』と気を遣って聞かないほうがいいと思うよ」とも答えました。

見知らぬ人から声を掛けられると逆にびっくりします。僕なら手伝ってほしいことは自分で言うからです。

知人は「障害者を理解していると思っていました。でも、無意識に差別意識や偏見があるのかなあ」と言いました。

近年様々な啓発活動を通して、障害者への理解は深まっていると言われます。でも実際はどうでしょうか。

20歳以上の3千人が対象の内閣府の「障害者に関する世論調査」（2007年）によれば、日本社会で障害者に対する差別や偏見が「ある」と答えた人は82・9％、「ない」と答えた人は15・1％でした。

調査から、依然として多くの人が障害者に差別や偏見を抱いていると読み取れます。多くの人は「差別は良くない」「差別はしていない」と思いつつも、身の周りには多くの差別があることを示しています。

障害者を自分よりも能力がないと下に見たり、障害者を傷つけまいと気を遣ったり、単に「手助け」の対象と考えていたり……。実体験で僕が受けた「差別」です。

僕はこれまで幾度となく、「これは差別ではないか」という場面がありました。すると、「差別ではないですよ。差別と感じるあなたの心に問題があるのでは」と反論されたことがあります。「足を踏まれた痛みは、踏まれた者にしか分からない」と言われるように、「差別を受けた心の痛みは、差別を受けたものにしか分からない」と受け止めることが大切だと思います。

だから障害者は差別と感じたら、その行為を相手に伝えたほうがいいのです。相手は気づかない場合が多いからです。

今まで僕は理不尽な思いや体験をすると、周りに伝えてきました。すると、「何でも障害者は『差別だ』と言い張るようになり、わがままになりかねない。権利を主張するなら義務も果たさないと」と指摘を受けることもありました。

障害者を信じていなくて、これこそが偏見でしょう。

先ほどの知人は「身近に障害者がいて常にかかわっていれば、障害者への差別意識や偏見が小さくなる。あなたが中学校の教師をやっている意味は大きい」と言います。

「三戸先生とうちの子どもが出会って、気づかないうちに人間として多くのことを学んでいると思います」と述べる生徒の保護者もいます。

差別を考えるのは、「平等とは何か」を考えることでもあります。僕は、「具体的な差別」と向き合って、人々の差別意識を乗り越えていく手立てを考えていきます。無意識の差別のために、悔し涙を流している人を受け止めたいのです。

14　教え子の成人式——仲間からの刺激、生きる力に

ある日、「将来のことで悩んでいます。相談にのってくれませんか」と一人が僕のアパートを訪ねてきました。今年成人になった教え子です。

少しでも参考になればと僕の体験を話しました。「成人式へ出席したらきっとヒントが得られると思うよ」とも言いました。

14日朝、その教え子に「成人おめでとう」と電話をかけました。すると、「先生、今日の成人式に来てくれませんか」と誘われたのです。

「気持ちはうれしいけど中学1年の半年間かかわっただけだよ。『何しに来たんだよ』と言われるよ」と答えました。

「先生、おれたちの晴れ姿を見に来ないの？　一生に一度のことだよ」。彼の言葉に気持ちが揺らぎました。「秋田駅まで迎えに行きますよ」と言われ、行くことに。

その教え子が秋田駅まで迎えにきてくれました。ほかの教え子たちの近況を聞きました。浮かんでくるのは、みな中学1年生のあどけない表情だけです。授業や部活動の姿、一緒に階段を上り下りしたこと、何げない会話……。

僕が教員採用試験に合格して、初めて出会った生徒たちです。理想の教師像はあるものの、その頃の僕は「本当に教師としてやっていけるのかなあ」と不安でした。

でも授業中、「僕の代わりに、黒板に字を書いてください」と呼びかけたら、「いつも同じ人でなく、みんなで順番にサポートをしよう」と言ってくれた生徒たち。

一日一日が手探りだった僕を一人の教師として受け止め、大きな自信を与えてくれました。僕が何かを教えたというよりも、生徒から教えられました。

A君は今、どうしているのかなあ。Bさんは……。教師として初めての成人式です。あの生徒たちが成人になったんだなと思ったら、教え子の成長を心から祝福したい気持ちにあふれていました。

式典が終わり、友人や中学校の恩師と語る「フリートークタイム」がやってきました。

教え子たちとは7年ぶりの再会です。あの頃の面影が残っている教え子もいれば、もの静かな印象だったのに誰とでも気さくに話していて別人のように変わった子もいました。

「三戸先生、来てくれたのですか。まさか、会えるとは思わなかったのでうれしいです」「一緒に写真を撮りましょう」とも言われました。

自分の近況を話す教え子や、会社の営業をする教え子もいました。「先生、（朝日）新聞の連載を読んでいます」との言葉に、思わず照れ笑い。福祉や医療関係を学んでいる教え子は、僕が階段を上り下りする時に肩を貸してくれ、当時から僕のサポートをよくしてくれていました。

社会人の先輩の一人として、悩んだ時、相談できるかけがえのない仲間を大切にし、ますます笑顔のステキな人間を目指してほしいなあと思いました。

秋田駅まで迎えにきてくれた教え子が駅まで送ってくれました。その車中、彼は「仲間からたくさんの刺激を受けたよ。おれも前を向いて生きていかなくては、と思ったよ。成人式に出席して良かった」と言いました。

僕はほっとしました。

逆に、彼にこう尋ねられました。「先生、大人になったなあと思う出来事は、何ですか」

僕は考え込んでしまいました。

15 メール――中学生に携帯電話は必要か

生徒や教え子からのメールに、不快になることがしばしばあります。

「先生、本出したんだ」「無事卒業しやしたー」「先生、元気！！アド変（メールのアドレスが変わったという意味）！？ヨロシク～」など。無性に腹が立ってきます。教師であり目上の僕にため口を使っているからです。

でも、その生徒が僕と相対するときはため口を使いません。「なぜなの？」と生徒に疑問をぶつけると、「携帯メールは、そういうものだから」と生徒は言いました。気にする僕のほうが変だ、と言わんばかりの話しぶりでした。

「先生、メールが届いたら、すぐに返信するのが礼儀だよ」と生徒に言われたことがあります。

「それは傲慢だよ。自分の都合で送っておいて、すぐに返事をかいてこいよと言うのは」と僕は生徒に話しました。

「メールを送って返事がないと、自分はその人に嫌われていると感じる。だって、嫌いな人にメールをしないでしょ」。生徒は反論しました。

今の生徒たちはメールの返信の有無も人間関係のバロメーターになっているようです。どんな返事を期待するかを聞くと、「読んだよ」だけでもいいようです。

生徒たちの世界でもＩＴ化が進んでいることを実感します。しかし、僕は中学生にとって本当に携帯電話などのＩＴ機器が必要なのか、疑問です。

ＩＴ社会といわれても、たかだかここ10年。僕が中学生のとき、友人に用件を伝えるのは固定電話でした。食事時や夜９時以降は相手の迷惑を考えて、遠慮していました。家族の人に聞かれて困る話は小声で緊張しながら話をしていました。

今の生徒たちは、分からないことがあるとインターネットで調べます。でも僕が中学生の頃、調べものをするときは、近くの図書館に行っていました。自分で苦労して調べるからこそ、その内容を覚えるのです。

生徒には、こうした地道な経験をしてから「ＩＴ社会」を活用してほしいと願っています。

中学生ぐらいの子どもは、相手の表情を見ながら気持ちを伝えたり相手の気持ちを聞いたりする実体験が大人ほど豊かではないからです。

面と向かうか、相手の声を聞きながらのコミュニケーションだと、どんな言葉で傷つくのかが相手から伝わってきます。

例えば、「助けて」と相手に伝える時です。

僕の経験則から、メールよりも自分の言葉で伝えたほうが、より正確に伝わります。言葉の響きやしぐさなどで、相手はこちらの気持ちをくみとります。僕も相手の存在を実感できるのです。

でもメールは違います。相手の表情やその場の雰囲気は分かりません。相手の受け止め方に思いをはせることもなく、一方的なコミュニケーションになりがちです。最近の子どもは、言葉に傷つきやすくなっていると感じます。

先日、ある中学校で一人の女子生徒が自殺しました。メールと自殺との直接的な関係は分かりませんが、それ以前に友人との間でメールでのやりとりがあったことが新聞で報じられています。

僕は命の大切さを考えました。子どもたちにどう伝えていくべきか、答えは見つかりません。でも与えられた自分の命がより輝くよう、真摯に生きる姿勢こそ大切なのだと、子どもたちに伝えていけばいいのではないかと思います。共感されるか心もとないですが。

2 日常生活

1　電動車いす――話しながらいっしょに登下校

２学期から、雨の日を除いて電動車いすで通勤しています。自宅から学校まで、最高速度の時速６㎞で15分。快適なドライブです。

初めて、電動車いすで通勤した日は生徒がどのように受け止めるのか、楽しみと不安でいっぱいでした。乗り始めて、２、３日の放課後は電動車いすが人気者でした。10人くらいの生徒が「乗らせて」と言ってきました。実際に乗ることで、理解を促したいと思っていたので、気持ちよく応じました。

右側にあるスティックを縦横に動かすと、動きます。その度に「オォー」「キャー」「ゴーカートみたい」などと歓声が上がりました。その様子は「理解」というよりも「ふざけている」としか見えず、「これは、僕の足の代わりだぞ。君たちの遊び道具ではないよ」と注意をしました。同僚の先生も「ふざけているのであれば、使用禁止にしたほうがいい」。しかし、１週間もたたないうちに、物珍しさも消え、生徒に自然に受け止められるようになりました。

「先生、どこか悪いの？」「歩いたほうがいいよ」と声をかけてくる生徒もいました。今まで徒歩で通勤していたので、不思議に思う気持ちは分かります。「他の先生も、車で来たり、電車で来たりしているでしょう。それと同じだよ」と説明しました。時間をかけて、僕のありのままを見てもらおうと思っています。

電動車いすの一番の利便性は、友だちのペースで歩きながら話せることです。徒歩だと、僕のペースに友だちが合わせないといけません。ある朝、あいさつしてきた生徒に、「いっしょに、学校へ行こう」と声をかけ、その生徒とたわいのない話をしながら学校に行きました。電動車いすで通勤するようになり、生徒と一緒に登下校するようになりました。僕から声をかけたり、生徒から声をかけられたり。徒歩では、親しい仲でないと、自分から「いっしょに歩こう」とは言えませんでした。でも、電動車いすだと、自信をもって言えます。

はや11月の半ば。電動車いすで通勤している者にとって寒さが骨身にしみる季節となりました。しかし、「先生。歩道に駐車していて、通れないね」などと、僕を気遣う生徒の言葉を聞くと、不思議にポカポカと温かくなってきます。

2　ホームヘルパー——サービス受け生活豊かに

毎週月曜と木曜の6時40分〜7時40分の1時間、ホームヘルパーの生活支援を受けています。ヘルパーさんが来る日は、インターホンの音で目覚めます。寝ぼけまなこで、鍵を開けると、「おはようございます」とヘルパーさん。このあいさつから、ヘルパーさんの支援が始まります。前日に、電子炊飯ジャーの予約ボタンを押しているので、ご飯は出来ています。ヘルパーさんは冷蔵庫の中身を見て、目玉焼き、おひたし、ベーコンいため等の簡単なおかずを作ってくれます。ゆっくりと朝食をとっている間に、部屋の掃除をしてくれます。歯を磨き、顔を洗って、ワイシャツ・ネクタイ・背広を着せてもらい、身だしなみを整えてもらうと、だいたい1時間。

土崎中に赴任して、学区内に住みたい気持ちと、通勤のことを考えて、学区内に引っ越しました。母も「交通機関を利用して通勤するより、歩いて通勤するほうがラクでしょう」と言ってくれます。その母は、会社が飯島にあり、朝と夜に立ち寄ってくれていますが、少しでも母の負担を軽くしたい……と〝ホームヘルパー〟という福祉制度を利用しようと思いました。

最初、ヘルパーさんが家に入ることに抵抗を感じました。初対面なので、信頼していなかったように思います。しかし、少しずつお互いに慣れてきたように思います。ヘルパーさんに来てもらって2年が過ぎました。すっかり、日常生活の一部です。

ある日、生徒が「先生、ヘルパーさんに買い物を頼んだでしょ。いとこが先生のヘルパーの向かいに住んでいて、話を聞いたよ」と言ってきました。「先生の家に、ヘルパーさんが来ているんだ」と別の生徒。「ウチにも、おじいちゃんをお風呂に入れるために来ているよ」と教えてくれる生徒もいます。

２００３年4月から、障害者福祉サービスが「措置制度」から「支援費制度」に変わり、好きな事業所から選べるようになりました。僕は即断で、気心の知れたヘルパーに頼むことを決めました。1回30分２５０円が基本単位で、僕は1ヵ月10時間のサービスを受けることができます。１カ月の利用料は約４千円です（２００３年当時）。生活を豊かにしていくことは、自分次第だなあと実感しています。

3　雪──今も鮮明ゲレンデの滑走感

　年末年始の晴天はうそのように、寒さの厳しい日々が続いています。いよいよ「秋田の冬到来！」と思っているこのごろです。雪国育ちの僕は、冬の季節は雪で遊んできました。近くの公園で友だちと雪合戦をしたり、雪だるまやかまくらを作ったり……雪を見ると、子どもの頃を懐かしく思い出します。最近、雪が降ったといっても、随分と積雪量が少なくなったと感じます。近くの公園で、雪合戦で遊んでいる子どもをほとんど見かけません。何だか、とても寂しいなぁと思います。

　山形大学での学生生活。冬になると、サークルのスキー合宿があり、毎年サークルのメンバーと蔵王へ滑りに行っていました。大学の宿泊施設は、ゲレンデを滑り降りた所にありました。

　友だちにスキー靴を履かせてもらい、スキーを履いた途端、急に足元が不安定となり、尻餅をついてしまいました。スキーを履いているため、自力で起き上がろうとしても無理でした。下を向くと、結構急な傾斜。「ここを滑り降りるの」と不安がる僕の背中をポンと押してくれて、一緒に滑りました。友だちは「足を八の字にして、下りて来い」と言うんですが、足に持続的な力が入らない僕は、気が付くと足が真っ直ぐになっていました。急激にスピードが出て、怖くなり、尻餅をつきました。

何十回、繰り返したか分かりません。その度、友だちに起こしてもらいました。うまい人なら5分で滑り降りるところを1時間かけて、滑り降りました。

宿泊施設に着いたときの達成感が、再び僕をゲレンデへと向かわせました。何度滑っても、途中から加速していき、尻餅をついて、友だちに起こしてもらうことを繰り返しました。だけど、雪の上を滑っている感覚は今でも鮮明に覚えています。気持ちのよいものです。

冬休みが明けて、14日から学校が始まりました。今も電動車いすで通勤しています。路面がツルツルの場合や新雪の場合は、電動車いすで移動ができます。転んだ場合、つかまえる支えがなければ、自力で起き上がることができない僕にとって、電動車いすのほうが徒歩より安全です。

ただし、雪が融け始めると、車が雪に埋もれてしまい、進むことができません。毎日、天気予報を見て、朝の空を見て、電動車いすか徒歩か……通勤手段を考えています。これがまた、意外と楽しいです。

4　自動車――運転の不安ぬぐって挑戦

少し前から腰と首が痛くなり、病院に通院することになりました。知り合いの大学生に頼んで、いっしょに通院しています。介助の具体的な内容は、自宅から病院までの運転や代筆などの事務、病院内を移動する際に車いすを押すことなどです。これからどうなるか分かりませんが、今のところ学生さんと一緒に楽しく通院しています。

最近になって、僕の日常生活のサポートを頼める学生さんとつながりができました。学生さんの都合がつかないときは、タクシーやバスなどの交通手段で、一人で行くこともできます。でも、せっかくできたつながり。積極的に学生さんに僕のサポートを頼んで、行動をともにすることで、学生さんと楽しい関係を築きたい……と思っています。

僕はオートマチック車限定の普通免許を持っています。学生の時、友だちといっしょに山形の自動車学校で習得しました。そのとき、友だちはすんなり自動車学校に入校しましたが、僕は免許センターへ行き、運転できるかどうかの検査をして、ようやっと入れました。友だちは、僕が入校できるまで待っていてくれました。そのときの勢いで、友だちと免許を取りました。

ただし、現在、車の運転はしていません。脳性まひ特有の不随意運動がある僕は、車の運転に不安があります。教員として、ちょっとした事故でも厳しい処分が待っているので、車を運転しない生活を考えていました。だけど、今回の通院を通して、少しずつ考えが揺らいできました。「車を運転できたら便利だろうな」と思い、インターネットで検索したら、電動車いすごと乗れて、運転できる車が日本の路上を走っているとのこと。早速、メールで問い合わせました。どんな車か、費用がいくらなのか、イメージがつきませんが、今後、メールのやりとりをしながら、購入に向けて具体化させていきたいです。車の運転にチャレンジする姿を生徒に見せていきたいです。

　今年中に、僕の車を秋田の路上で走らせたい。そして、そのとき一番好きな女性を助手席に乗せて、一緒にドライブをしたい、と思っています。

5　利き手を負傷――隠れた才能開花？　不便楽しむ

毎年、6月中旬に、秋田市中学校総合体育大会（中総体）が開かれます。秋田西中では、7日から2週間の部活動強化期間に入りました。生徒たちは部活動の練習と応援練習に熱が入ります。中学生の「夏」到来です。その強化期間中に、聞き手の左手首を負傷してしまいました。

今年度、男女卓球部部長を務めています。9日の部活中、監督から「土手ラン（グラウンドの外周）4周」と指示を受けた1年男子生徒が、「センセイ、いっしょに走ろう」と誘ってきました。

〝生徒といっしょに〟を教育目標に掲げている僕にとって、ありのままの姿を見せることのできる絶好のチャンス。電動車いすを使わず、その生徒といっしょに走りました。生徒は「センセイ、ゆっくり走ろう」と、張り切る僕をセーブしてくれました。グラウンドで練習中の生徒からも「ガンバレ、ガクちゃん先生」。声援を受けて、1周約600メートルの外周を4周完走することができました。

けがをしたのはその後のことでした。別の1年生の生徒から再び土手ランに誘われました。僕は4周走ったばかりだったので、「電動車いすでならいいよ」と答えました。生徒は自分のペースで土手ランをし、僕は電動車いすで土手（桜並木に面した道路）を歩いていました。その時、対向車が来て、よけようとしたら、電動車いすごと、土手から落ちました。

約3メートル下のグラウンドの側溝に頭と左手首を打ちました。頭から軽い出血。意識はしっかりしていました。男性職員の車で市内の病院に行き、手当てしてもらいました。左手首のレントゲンを撮ったら、骨には異常なし。翌朝、左手首の断層写真を撮りましたが、手首の骨は複雑に入り組んでいるので、診察が難しいこと。動かすと、痛みを感じるので、ギプスで固定しました。電動車いすは無事でした。

利き手の左手を使えなくなり、不便を感じています。しばらくの間、食事は右手でとることになります。おにぎりなどはラクですが、食器は動くので、左手を添えて、固定しないといけません。スプーン・フォークの扱い方も、右手は慣れていないので、こぼします。顔を洗うときも、右手でタオルを絞らなければならず、もっと握力を鍛えておくべきだったと後悔しています。顔をふくのも一人ではできません。

時々「障害があるって、不便でしょう」と質問を受けます。「ビールをストローで飲むと、酔うでしょう」と言われても、ストロー以外で、ビールを飲んだことがないので、なんとも言えないのと同じように、これが僕の体なので不便を感じていません。ただし、今回のように、使えていた左手が突然使えなくなると、不便さを感じます。しかし、「怪我の功名」で、完治するまで不便さを楽しみたいと思います。ひょっとすると、隠れた才能が開花するかもしれません。

6 チョークホルダー——生徒との会話弾む米国土産

2004年の夏、秋田県教育委員会主催の「海外自主企画研修事業」で、アメリカのアーカンソー州ファイアットビルへ研修に行きました。初めての海外で、少しの不安と大きな期待を胸に成田空港を飛び立ちました。成田－シカゴ－ファイアットビルの空路の往復でした。愛用の電動車いすを持ち込んでの1週間。事故もトラブルもなく、健康そのもので無事に終わりました。

この研修中、ファイアットビルの中学校を訪問しました。夏休み中でしたが、学校内に入ることができました。各教室に行くと、黒板にチョークホルダーが置いてありました。チョークホルダーは、円筒形のチョークを覆い、手の汚れを防ぐために使用するものです。僕の周りでチョークホルダーを使っている先生はあまり見かけませんが、アメリカではチョークホルダーを使うことが一般的なのかなと思いました。

4年前、教師に成り立ての頃は生徒が僕の代わりに板書して、授業を進めていました。チョークを持って黒板に字を書くと、脳性まひ特有の不随意運動で余分な力が入り、チョークをポキポキと折って、字を書くことができなかったからです。しかし、次第に「黒板に字を書いてみたい」気持ちが強くなり、その年の6月、文具のカタログで「チョークホルダー」を見つけました。

その製品を見たとき、直感的に「これなら、大丈夫かもしれない」と思いました。予想的中で、力が入ってもチョークは折れず、片言の文字を板書できるようになりました。それ以来、チョークホルダーを愛用しています。

中学校訪問後、ファイアットビルの文具店へ行くと、僕が使っているプラスチック製のホルダーではなく、ステンレス製のホルダーを売っていました。色はゴールド、シルバー、ブルー、レッド……とカラフルで、ロゴが書いてあり、とても気に入って、お土産に買ってきました。

帰国して26日から学校が始まり、久しぶりの生徒の表情を見て、元気そうで一安心しました。学校生活のあらゆる場面で、生徒にアメリカで学んできたことを伝えたいと思っていたところ、生徒のほうからアメリカ製のチョークホルダーに反応してきました。

授業中、ホルダーを見た生徒は「かっこいい！」と一言。僕が「アメリカから買ってきたんだよ」と言うと、「いくらしたの？」「3ドルだよ」「日本円にすると……1ドルいくら？」と生徒との会話が弾みました。

手に取った生徒が「先生、日本のチョークが入らないよ。チョークがなくなったら輸入するの？」。アメリカのチョークは日本よりも細いことに初めて気づき、「どうしようかな…」と一緒に笑いました。

「アメリカ、どうでしたか？」同僚の先生方や生徒が聞いてくれます。「百聞は一見に如かず」でした。アメリカの文化・町並み・教育事情・福祉……僕が見てきたアメリカを伝えていきたいです。

このような経験を与えてくれた県教委に感謝しています。訪問先で頂いた資料を読み、研修で学んだことを、報告書にまとめています。

アメリカ研修から帰って間もなく、生徒が家に遊びに来ました。「先生、おかえりなさい。待っていたよ」という生徒の言葉が一番心に響いてきました。

7　お食事セット――米国ではフォーク出番なく

食事をするとき、フォークとストローを使います。フォークははし代わりに、ストローは飲料水を飲むときに使います。はしでも食べることはできますが、フォークのほうがきれいに食べることができます。ストローも同様で、コップを持って飲むより、ストローを挿して吸い上げたほうがきれいに飲むことができます。フォークと数本のストローを筆箱のようなケースに入れて持ち歩いています。これを僕は「お食事セット」と勝手に呼んでいます。

10年前、あるレストランで、「すみません。フォークをお願いします」と店員に言うと、用意されたのはお子様用のフォーク。取っ手が小さくて持ちづらく、結局友だちに食べさせてもらいました。また、ストローを頼むと、差し出されたのは細いストロー。直径が細いため、何度も吸い上げないと飲むことができず、とても疲れました。このような経験から、使いやすいものを携帯したほうが良いと確信。外出するとき、必ず携帯しています。

給食は「お食事セット」を持って、1年1組の教室で食べています。4月当初、生徒に「この中に何が入っているの?」と「お食事セット」について聞かれました。「開けてもいいよ」と言うと、生徒は楽しそうに開けて、「フォークとストローだ～」と驚きました。「なんで入っているの?」と疑問に思う生徒も僕の食べ方を見て、納得していました。

人前で食べるとき、上手にきれいに食べようと気を使います。しかし、ポロポロとこぼすときがあります。「先生といっしょに食べたくない」と生徒（特に女子生徒）が言うのではないかと心配していました。最初、そのようなそぶりを見せていた生徒も、決して上品でない僕の食べ方に慣れてきた様子。「先生、ここにご飯粒がついているよ」とほほを指差したり、「先生、床にこぼしたよ」と教えてくれたりします。

給食の時間中、生徒に、「パンの袋を開けて」「ストローを牛乳に挿して」と声をかけて、サポートしてもらいます。初めは戸惑っていても、実際に僕が苦労しながら袋を開ける姿を見せると「先生、開けるからかして」と生徒。慣れてくると、自発的にパンの袋を開けてくれる生徒が現れてきました。生徒たちは僕の食べるペースを「先生、早いね」と驚きます。いつも、おなかが減っているので黙々と食べています。不随意運動のある僕を見て、とても自分よりも早く食べられるとは思わないようです。

この夏のアメリカ研修にも「お食事セット」を携帯しました。しかし、フォークは1度も使うことなく帰国しました。どの店でもフォークが出るため、使う必要がなかったからです。日米の食文化の違いを感じました。アメリカ人はフォークとナイフで食事をします。周りがみなフォークを使っているので、妙な心地よさを感じました。このことを生徒に話すと、「手で食べている地域があるって、社会の時間に習ったよ。いろいろな食べ方があるんだね」と言っていました。

8　春の日曜散歩——教え子から打撃指南、汗流す

4月17日（日）に電動車いすで散歩しました。愛用する機種はスズキのMC－16です。電動車いすは進みたい方向にジョイスティック（ハンドル）を傾けると進みます。スピードは時速2、4、6㎞の3段階。時速4㎞が人間の歩くスピードですが、その時の気分で、速度を変えます。

電動車いすに乗っていると、目線の高さが約1mで景色が違います。道端のツクシに春を感じました。生徒や保護者、地域の方たちが声をかけてくれ、ちょっとした立ち話。何気なく立ち寄ったスーパーでは、以前に非常勤講師として勤務していた豊岩中の教え子が店員をしていました。

店員が「三戸先生。私のことを覚えていますか」。顔を見て、「ウン、分かるよ。アルバイトしているの」と聞くと、教え子は「そうです。私は秋田大学教育文化学部の2年です。今年20歳になります。先生、来年の成人式に来てくれませんか」。「20歳…あれから6年か」と当時の生徒の様子を思い浮かべながら、教え子の成長を喜びました。

秋田西中の隣にある新屋大川端帯状近隣公園を通ると、芝生で生徒たちがサッカーをしていました。生徒から「一緒にサッカーしよう」と誘われました。身体を動かすことが好きな僕は「やろう」と、4人の生徒と一緒にパスを回しました。電動車いすから降りて、サッカーボールをけりま

した。久しぶりでした。

小学生の頃、近くの公園でサッカーをしたことを思い出しました。生徒は「先生、なかなかできるじゃん」と言い、僕がけりやすいボールをパスしてくれました。40分くらいやって、「また遊ぼう」と生徒と約束して帰宅しました。

翌週の24日（日）。夕方の帯状近隣公園には、先週の2倍以上の生徒が芝生で遊んだり、ベンチで話したりしていました。

野球部の生徒2人がバットとグラブを持っていました。その生徒に「キャッチボールをしよう」と呼びかけたら、1人が「先生、キャッチボールできるの」と聞くので、「できると思うよ」と答えました。電動車いすから降りて、生徒のグラブを借りて、キャッチボールをしました。

生徒は僕が取りやすいように球を投げてくれましたが、僕はなかなかバシッと取ることができません。10分くらいやって、10球に1球くらい、球がグラブに収まるようになりました。「先生、取れるようになったじゃん」

続いて、僕はバッター役になって、生徒が投げた球を打ちました。生徒が「ど真ん中だよ」と投げる球をなかなかバットに当てられません。また、当たっても前に飛びません。「振り遅れている。もっと、速く振ったほうがいいよ」という生徒のアドバイスに従ったら、球が前に飛びました。「先生もやれるんだね」と言われて、「そうだよ」と自慢げに答えました。

その年は桜の開花が遅く、例年ならば大型連休中に散っていますが、連休中に見ごろを迎えました。5月1日（日）、電動車いすで帯状近隣公園に行くと花見客でにぎわっていました。散歩していると、「三戸、こっちこっち」と呼ぶ声。新屋地域に住む友人、知人が花見をしていました。「ストロー持っているよね」と、太陽の下でビールを飲みました。

ここ1カ月、気晴らしに電動車いすで日曜日に散歩しました。僕も秋田西中の学区内に住む地域の一人なんだなぁと実感しました。

9　秋の夜長の読書――知らない世界触れる楽しさ

「秋の夜長に読書を」。でも、実際に本を開くのは、いつも午後10時すぎ。読み始めると無意識のまま寝てしまい、目覚めると朝――。そんな日が少なくありません。朝になると自分のふがいなさにため息をつくと同時に、「疲れているときは休養をとらないと」と反省もします。

夜に読書ができなくても、毎朝読書のできる環境があります。現在、全国の小中学校、高校で行なわれている「朝の読書」。秋田西中では、毎朝午前8時20分～午前8時40分までの20分間が充てられています。生徒も教師も好きな本を読んでいます。

最近、僕が印象に残っている本は『ヤンボコ』（義家弘介著）や『夜回り先生の卒業証書』（水谷修著）、特に『世にも美しい数学入門』（藤原正彦・小川広子共著）には、はまりました。朝から、とてもぜいたくな時間を過ごして、1日が始まります。

僕が中学生のとき、同じ時間帯は自習でした。国語など各教科の学習プリントを繰り返しやっていました。だんだん飽きてきて級友とおしゃべりし、先生に注意されることも。当時と比べると、今の生徒をうらやましく思うときがあります。僕は、中学生になるまでほとんど本を読んだことがありませんでした。活字を読むと、すぐに飽きてしまいました。だから、夏休みや冬休みの読書感想文は、原稿用紙を埋めるのに苦労しました。

　そんな僕が秋田南高に入学後、文芸部に入りました。年に一度の文化祭の時に、部誌「岬」を発行。僕は、将来の漠然とした不安や障害への悩み、葛藤などを詩や小説につづりました。部員やクラスの友人たちからは、予想以上の反響でした。「三戸の気持ちが伝わってきたよ」「今度の学級対抗の球技大会、一緒にがんばろう」。作品にみんなが共感してくれたのです。それまでは、「みんなと一緒に生きたい」という気持ちを会話で伝えてきた僕にとって、文章で表現しても伝わることに衝撃を受けました。

　大学生になり、障害者の書いた本を読むようになりました。特に、小山内美智子さんや牧口一二さんの作品です。小山内さんからは、障害者としてありのままの姿で生きていく力強さを、牧口さんからは、障害者自身の視点で物事をとらえていく大切さを学びました。

　大学卒業後、教師になる夢に挑戦していたときは、教員採用試験の受験勉強の合間に、生き方に関する本をよく読みました。読書を楽しむより、孤独な気持ちを癒したいために。「公立中学校の教師になりたい」。そんな自分の信念を、本があらためて意識させてくれました。

　生徒たちにも、たくさん本を読んでほしい。読書は、自分が知らなかった世界をかいま見ることができます。ものの見方や感じ方を知り、物事を幅広い視点で考え多くの生き方に触れることで、自分を見つめることができます。

「三戸先生の本を読んだよ」。時々生徒が話しかけてきます。僕のことを書いた『がんばれ！「ガクちゃん」先生』（関原美和子著）のことです。「先生の生き方が伝わってきました」と生徒。思わず、笑みがこぼれます。

本の内容について質問を受けることもあります。「友だちといっしょに遊びたくても仲間に入れてもらえなかったり、体育の時間に見学を勧められたりしたとき、どんな気持ちでしたか？」僕は笑顔で答えます。「君が僕の立場なら、どうするの。君が僕の友だちだったら、どうするの」と。

10　英行君支援――「生」の温かさを伝えたい

「心臓移植の雲雀《ひばり》英行君の支援募金が目標金額の6千万円を超えた」

そんな新聞記事を先日、読みました。たくさんの支援の輪を感じ、とても温かい気持ちになりました。

２００５年10月1日、僕は英行君の存在を初めて知りました。その日、秋田西中の体育館で教育・心理カウンセラーによる子育てを考える講演会があり、僕も会場に足を運びました。講演が終了した時、「少しお時間をいただきたい」とスタッフが声を上げました。と、同時に1枚のビラが配られました。壇上に上がってきた男性は「約6千万円という、とても個人では負担できない金額。だから募金活動をすることにしました。ご支援とご協力をお願いします」。そう言って深々と頭を下げた男性が、英行君のお父さんでした。

何かの縁を感じ、無意識のうちに電動車いすでお父さんのもとへ。「救うことのできる命は救いたい。自分にできることが何かありますか」。そこで提案したのが、僕と「ひでゆき君を救う会」のホームページ（ＨＰ）とのアドレスのリンク「広く募金を呼びかけたいので、リンクさせてもいいですか」。気持ちを伝えると、お父さんは「とてもうれしいです。よろしくお願いします」と快諾してくれました。

10月12日、県庁で記者会見があり、募金の振込先が発表されて本格的な募金活動がスタートしました。僕は知人らに「募金に賛同してくれる人は、支援をよろしく」とメールを送りました。

英行君を救いたいと思う人たちが、自分のできることをすれば、きっと英行君を救うことができる。そう信じていました。僕はHPやメールで募金を呼びかけました。知人らも街頭に立って募金活動に参加。メールやHPで英行君を紹介してくれました。予想以上の広がりでした。

秋田西中では、生徒会が中心となって募金活動をしました。毎朝、生徒会の生徒が、玄関で募金箱を持ち募金を呼びかけました。1週間で集まった募金額は、7万円以上。「同世代だし同じ秋田市の中学生。ひとごととは思えない」。生徒の一人は、そう言っていました。募金に協力する生徒たちを見て、うれしさと同時に英行君を身近な存在ととらえてくれたことに、頼もしさを感じました。

僕は教師として、英行君の募金活動から学んだことを生徒に語りかけました。「今、英行君は何を一番したいのかな。みんなと同じように、授業を受けて、休み時間は友だちと遊ぶ。仲間たちと中学校生活を送りたいんじゃないのかな」と。

ありふれた日常にこそ、かけがえのないものがあると思います。「今」を大切に生きてほしい。そして、英行君への支援の広がりに、見て見ぬふりではなく、常に自分にできることを考えられる人間になってほしい。

生徒に語りかけたとき、僕は教師の面白さを感じました。未来を担う人たちに、自分の思いを伝えられるからです。英行君の生きたいという気持ちと彼を助けたい気持ち。生きることは、とても温かいこと――。生徒にこのことを一番伝えたい。

これからも、英行君の病気との闘いを、見守っていきたいと思います。

11　雪道で思う──生徒をどれだけ愛したかな

「先生、おはよう。迎えに来たよ」

毎朝7時40分ごろ、男子生徒が僕を迎えに来ます。２００４年の5月から、その生徒と一緒に学校へ通っています。

冬を迎え、路面は雪が積もり凍結しています。僕は、徒歩と電動車いすを使い分けながら通勤しています。主に車いすですが、路面状況によって通勤手段を変えます。新雪、粉雪、路面凍結の日は、車いすを選びます。そちらのほうが、滑って転倒することが少ないからです。

水分を多く含んでいる、ぬれ雪や車のわだちがある日は歩きます。なぜなら車いすは、雪に埋まりやすいからです。一度埋まれば、脱出に一苦労。思いきりモーターをふかしながら、足で路面をけって脱出を試みます。一度で脱出できれば幸運です。

このごろ毎朝、「先生、今日は車いすで行っても大丈夫だよ」「今日は、道がぬかるんでいるから、歩いていこう」と、その男子生徒が路面の様子を教えてくれます。とても感謝しています。

特に徒歩通勤の場合、神経を足下に集中させます。転倒しても平気だった子どもの頃と違い、滑って転ぶことに恐怖心を感じます。僕の気持ちを察してか、滑りやすそうなところで手を添えてくれます。そんな気配りに触れると、心はポカポカと温かくなります。

別の日、近くの歯医者に行く途中、車いすが雪に埋まりました。そこに、下校途中の生徒が通りかかりました。もがく様子を見て、生徒は車いすのハンドルを後方に引っ張ってくれました。一度引っ張っても抜けず、何度も引っ張ってくれました。

埋まった場所は、国道沿いの横断歩道。歩道から車道に移るところで、雪の塊がありました。助けてくれた生徒に「これが僕。手伝ってくれてありがとう」。

すると「センセイ、私たちがいなかったら、どうしたのですか」。生徒の一人が尋ねてきました。

「何度も脱出を試み、一人で無理なら通行人に助けを求めます。声を掛けてくれる人もいるよ」と答えました。

2005年の世相を表す漢字は「愛」。ふと僕は「今年、どれくらい生徒を愛しただろうか」と自問しました。

他人を愛する前に、まず自分を愛する。自分を愛さず、自分を大切にできない人は、他人を愛したり、大切にしたりできない——僕はそう思います。

思春期の生徒たちの心は、葛藤で揺れ動いています。他人と比べ、自分の至らない部分を短所と感じ、気にしている生徒も少なくないはずです。僕も中学生のころ、「なぜ、自分は障害をもって生まれてきたのか、障害がなければよかったのに」と否定的に考えていました。

そのたびに、教師を含めた周囲の大人たちは「ありのままの君でいい。できないこともあるが、できることもあるよ」と励ましてくれました。

「脳性まひの三戸」。僕の存在価値が認められたようで、自分が好きになってきました。障害とも、上手に付き合えるようになりました。だから、雪道で電動車いすが埋まることは「想定内」のことなのです。しんどいことですが……。

今教師として、どれだけ生徒に、自己肯定感を与えることができているか。年末年始、「愛」をキーワードにゆっくりと考えてみたいと思います。

12 韓国研修旅行――「ありがとう」に見た温かさ

２００６年1月9日。僕は、韓国・仁川空港に降り立ちました。秋田空港から2時間半。厚手のセーターとニット帽を用意し、飛行機に乗り込みました。でも到着すると、辺りには雪がありません。「温かいところに来たな」。そう感じましたが、錯覚でした。この日の韓国の最高気温は3度、最低気温はマイナス7度でした。

初めての韓国は、県教職員組合主催の研修旅行で、9日～12日の3泊4日。参加者は僕を含めて男4人でした。ソウル市内の西大門刑務所歴史館や安重根記念館などの見学のほか、イムジン河を越え、その帰路、烏頭山統一展望台も訪問しました。

仁川空港から高速道路に乗り、約1時間でソウル市内に到着。まずは腹ごしらえをと、食堂で本場の海鮮鍋やキムチ、チヂミを堪能しました。

韓国の食事は、スプーンが基本。器をお膳に置き、スプーンを口元に寄せて食事をします。はしは、取り皿におかずを盛り付けるときに使います。

「郷に入ったら、郷に従え」。韓国の食文化を試みようとしましたが、脳性まひの障害のため、思うように手を動かすことが難しく、スプーンを口元に持ってくる前にボロボロとこぼれました。見かねた店員さんが、日本語で「食べやすいように、どうぞ」。その一言で、気が楽になりました。今回の研修で、一番感じたのは韓国人の温かさでした。「戦後60年を経て、過去は過去として新しい人間関係を築いていこう」。韓国に行く前、戦争を知らない僕は、そんな意識でした。しかし、韓国の人々に行なった行為の一端に触れることで、日本人としての痛みを感じました。過去は消えるものでなく、事実を受け止めながら、韓国との関係を築いていくべきだと思いました。

水が凍り、流氷が見られたイムジン河。昔は鉄橋がかかり、ソウルから北朝鮮へ線路が延びていたそうです。しかし、朝鮮戦争で鉄道は分断。00年の南北首脳会議後、復旧されました。韓国側最北端の都羅山駅は、韓国軍が警備をしていて物々しい雰囲気。

そんな中、駅の待合室にあった大きな看板が目に止まりました。南北を結ぶ鉄道のイメージ図とともに「21世紀の早い時期に、祖国統一を目指そう」。過去の歴史を乗り越え、未来を志向する韓国人の願いが伝わってきました。「日本人の未来って、何だろう」。看板を眺めながら、ちょっとスケールの大きなことを考えてしまいました。

列車に乗るとき、僕の行く手を3段のステップが阻みました。そこで手をさしのべたのは、若い女性の兵隊さん。車いすを持ち上げてくれたのは、男性の兵隊さんでした。その気配りに心が打たれました。

4日間、ソウル市内を中心に街を散策。バリアフリーなところやそうでないところも目に付きました。でも物理的な段差はあっても、精神的な苦痛を感じませんでした。

なぜなら、韓国は「ミアナムニダ（すみません）」と声を掛ける前に、「カムサハムニダ（ありがとう）」から始まる人間関係だったからです。

日本では、人に助けを求めるとき「ありがとう」の前に、「すみません」と言って呼び止めます。立ち止まる人もいれば、素通りする人もいます。でも韓国は、向こうから近寄ってきて気軽に声を掛け、笑顔で助けてくれました。気づいたら、たくさん「カムサハムニダ」と言っていました。

帰国翌日から、冬休み明けの学校がスタート。韓国訪問で、様々な文化や考え方・価値観に触れ、自分の視野が少しだけ広くなったような気がします。

13 恋愛について――自分さらけ出す難しさ痛感

「先生、彼女いるんですか」。ときどき生徒から尋ねられ、「ドキッ」とします。「今、募集中だよ」。そう答えると、「どんな女性がタイプなの?」と詰め寄ってきます。「話し好きで、社交的な人」。答えながら思います。そんな女性に早く出会えないかなあ。

僕にとって「恋愛」は、悩みの一つなのです。言い訳ではありませんが、出会いの機会が少なすぎます。

最近の生活を振り返ると、平日は自宅と学校の往復。土曜日を含めて週4回は、好きな卓球の練習をする機会があり、可能な限り練習に行っています。日曜日は授業で使用するプリントを作ったり、依頼された原稿を書いたりするので終日家で過ごします。

出会いの場をどう作るのか。考えれば考えるほど悩んでしまいます。

僕は、24歳で教師になりました。その頃は、教師の仕事に慣れることで精いっぱい。最近、仕事にも慣れてきたので、友人や知人に「誰かいい人を紹介して」とお願いしています。「焦らないで。そのうちいい人が見つかるから」と友人。

家族の反応は違います。「イイ女性を見つけて、早く連れてきなさい」「結婚できれば、安心するのに」。これがプレッシャーとなり、悩みをさらに深くさせます。

これまで、何人かの女性に自分の気持ちを伝えたことがあります。ボランティアやバリアフリー社会を目指す活動の中で、知り合いました。お互いに親しくなって食事をしたり、買い物に行ったり、誘うと快く応じてくれるので、僕に好意を抱いているのかなと思っていました。「彼女になってほしい」。そう気持ちを伝えると決まって断りの返事。「あなたが不便を感じているから、サポートをしようと思った」。

障害者としてでなく、一人の男として、見てほしい。心の中でいつもそう叫んでいました。同時に、優しさを恋愛感情と勘違いしていたことに、腹立たしさと情けなさが込み上げてきました。

友人は慰めてくれます。「自分の気持ちを相手に伝えるのが早すぎると思うよ。ゆっくりと時間を掛けたほうがいいのでは」。自分の気持ちを相手に伝えることは、僕にとって日常的なことであり、生きていく術です。例えば、階段の上り下り。「上りたいので、サポートしてください」と自分の気持ちを伝える必要があります。このことを友人に話すと、「階段の上り下りと、恋愛は別。相手の気持ちを考えて、自分の気持ちを伝えることだよ」と諭されます。

僕は、魅力的な人間になろうと、夢や目標に向かって生きてきました。だから自分がモテナイのは、障害があるからとは思っていません。

なんだか、僕のボヤキに聞こえるかもしれません。原稿を書きながら、自分をさらけ出す難しさを痛感しています。読者のみなさんに、僕の気持ちが伝わりましたか？

14 同窓会——仲間たちとの「つながり」思う

「久しぶり！　ガクちゃん」

２００６年8月12日夜。秋田市大町――。受付をしていた僕に、２人の女性が元気よく声をかけてくれました。この日は、平成3年度に秋田西中を卒業した仲間たちとの同窓会。３年ぶりの開催でした。

同窓会の計画は、ゴールデンウイークに持ち上がりました。秋田西中で同期だった友人と開催を決定。僕は「代表幹事」になり、同窓会の準備や段取りを担当しました。

卒業文集に記載されている住所を見て、案内状を作るため、同窓生の住所をパソコンに打ち込みました。顔が思い出せず、卒業アルバムで確かめた人もいました。好きだった女の子の名前を打ち込むとき、「久しぶりに会いたいな」とささやかな期待を寄せました。

案内状を発送し終えると、「一体どれだけ集まるのだろう」と不安でした。道ばたで同期生と出会うたびに「せび出席して」。同期生の父母なら「同窓会のこと、よろしくお伝えください」。さながら、セールスマンの営業活動のようでした。

残念なことに、２４５人中58人の案内状が「あて先不明」で戻ってきました。インターネットに立ち上げた同窓会の掲示板で呼びかけると、同窓生からの情報が寄せられ、33人と連絡がつきました。

同窓会の出席者は、恩師を含め45人。出席者の約2割は、県外からの参加でした。「今回の同窓会の代表幹事、三戸学よりあいさつをお願いします」。会の冒頭、司会に促されて僕が壇上に上がりました。人前で話すことは慣れているのに、緊張で言葉が詰まりました。

一人ひとりの顔を見ていると、懐かしさがこみ上げました。大工、研究者、会社経営者、主婦……。それぞれの道を歩んでいました。「公務員はいいよな。民間は、売り上げを上げないとリストラだよ」。「子どもを実家に預けてきた」。出席者の本音や事情も見えてきました。

出席した恩師のあいさつで「三戸君は、秋田西中の教師をしています」と紹介されました。その後、仲間たちから「後輩をよろしく」と、思いがけず後輩へのエールを耳にしました。改めて、後輩を教育できる幸せと責任を痛感しました。

ある友人は「数年後、西中に子どもが入学するからそれまでいてね。そしたら教師と保護者の関係だ」。そんな現実に、お互い苦笑いしてしまいました。

担任の先生を懐かしむ同窓生も多かった。欠席した恩師もいましたが、みんな一様に「会いたかった」と残念そうな表情。「いくつになっても先生は先生なんだ」。ふと、自分もいつまでも慕われる教師になりたいと思いました。

同窓会は、2次会まで続きました。僕も大いに飲み、語り合いました。「今日は楽しかったよ」

と仲間たちは満足そう。何よりの誉め言葉でした。翌朝、不思議と二日酔いがありませんでした。同窓会の達成感と一抹の寂しさが、あったからでしょう。

同窓会を通して、仲間たちとの「つながり」を考えました。「つながる」とは、お互いが支えあうことだと思います。困っている同窓生がいれば、「どんな時でも助け合う」。そんな雰囲気を今後も作っていきたい。僕のお盆休みは、仲間との関係を見つめ直す良い機会になりました。

15　友人の結婚式——仲間に励まされ自分らしさ

新緑の季節、晴れた日に学校から見える鳥海山は絶景です。4月に秋田市内から転勤しましたが、すっかり落ち着いてきました。

ゴールデンウイークに大学時代の友人I君の結婚式に出席しました。大学を卒業してからも、何度か会っている友人です。彼の頼みで、大学時代の仲間5人で余興をやることになりました。電話やメールでやりとりし、歌を歌うことにしました。

I君は栃木県で特別支援学校の教員をしており、結婚式は同県小山市でありました。I君のタキシード姿に思わず「かっこいいなぁ」とつぶやきました。

手にカスタネットやタンバリン、鈴を持ち、「スマップ」の「世界で一つだけの花」を歌いました。招待された仲間の一人がトランペット演奏しました。歌の中で1カ所、トランペットの演奏を止め、僕がソロで歌う場面がありました。でも歌いだしが遅れてしまったのです。「ここ、オマエが歌うのだよ」と隣の友人にせかされて気づきました。

「三戸が歌うと盛り上がると言うから任せたんだよ。それなのに……。三戸は大学時代と変わっていないなぁ」と仲間の一人。

一人暮らしの大学生活では、「生きる力」が身に付きました。親元を離れると自分で何でもやらなければならない。でも一人でできない部分は人に頼みました。その時、快く引き受けてくれたのが、この日の仲間たちでした。

「三戸から我々に、『こんなことを手伝ってほしい』と言ってくれよ」とか、「人に手助けしてもらった時は、当たり前かもしれないけど『ありがとう』と言ったほうがいい。人は悪い気にならないよ」と助言してくれました。

仲間たちとは、ビールを飲みながら「こんな教師になりたい」など夢を語り合いました。

大学4年生の夏。「障害があっても教師になれるのかなぁ」と不安な気持ちでいた時、「なりたい気持ちを強くもって、いっしょに勉強をがんばろう」と励ましてくれたのも仲間たちです。

「自分の気持ちを分かってほしかったら、相手に伝えること」。こんなことを知ったのも、友人らと過ごした学生の時でした。

自分の気持ちを伝えない限り、自分らしく生きられない。自分の気持ちを伝えるということは、自分を見つめ、素直になることでもあります。かけがえのない友人たちとの触れ合いで教わったことです。

自分の悩みを打ち明け、本音で話ができる友人を持つことは、本当に大事なことです。人とのかかわりを持つことで、「生きていく力」が培われるからです。

僕が生きてきた過程で「大切だなぁ」と思うことを、今の生徒に語っています。ちょっぴり勇気をもって、自分の気持ちを相手に伝えてほしい。それは生徒一人ひとりが自分らしく生きてほしい、と願っているからにほかなりません。

16　体調管理――風邪や緊急時、助け合えたら

２００７年は何かと体調を崩すことが多く、すでに例年の4倍ほど多く病院に行っています。「年なのかなあ」と愚痴ると、「30歳だよ。まだまだ」とホームヘルパーさん。「障害者＝体が弱い」とのイメージを持たれがちですが、それはないと思います。

11月中旬、僕は体調を崩しました。平日の学校勤務。午後の授業が終わった時まで、いつもと体調は変わりませんでした。それから少しずつ両足にだるさを感じ始め、徐々にそのだるさは増していく一方でした。

体温を測ると38・2度。ヘルパーさんに話すと、「念のために救急外来に行ったほうがいい」「お母さんに連絡してここまで来てもらったら」と助言してくれました。

午後7時を過ぎて、秋田から由利本荘までやってくる母のことを考えると、気が引けました。ヘルパーさんにこの気持ちを話すと、「自分の子どものことを心配して駆けつけるのが親なのだから、気にしなくとも」とのことでした。

ヘルパーさんが連絡してくれ、母が来ることになりました。ヘルパーさんは学校にも連絡し、「病院に連れて行きましょうか」と同僚は言ってくれたそうです。

母に付き添ってもらい、近くの救急外来で診察を受けました。疲れからくる風邪でした。処方された薬を飲むと熱は引き、翌朝、学校に出勤しました。

母は「急に容体が悪化すると大変だから」とその日の仕事を休みました。

「30歳を過ぎた男性が一人で対応できないの」と笑われるかもしれません。しかし汗をかいてパジャマやシーツを交換したり、嘔吐の処理をする必要が生じたりした時、僕一人では何ともできません。恥ずかしいけど、これが僕の現実です。

山形大学での学生生活は、一人暮らしでした。僕が不便なことを頼める人は大学のキャンパスにしかいないと思っていました。

買い物や調理のサポート、爪切りや蛍光灯の取替えまで頼みました。

気が付いたら、僕をサポートしてくれる仲間ができていました。夜中急に体調が悪くなっても、気兼ねなく連絡できる仲間がいました。

逆に、仲間の具合が悪くなった時は、近くのコンビニで薬を買って届けていました。「困った時はお互いさま」でした。

これから寒くなります。風邪を引いた時のことを考えると、不安になります。母が駆けつけるにしても秋田から雪道を車で走ってくるのは、忍びなく感じます。

毎日ヘルパーさんは来ていますが、午後8時半にはサービスを終えて帰ってしまいます。その後に具合が悪くなった場合は、翌朝までヘルパーさんが来るのを待っているしかないのかなあ。夜遅くに母や同僚に電話をかけることも、非常識のようで気が引けます。

緊急時の対応は僕だけの問題でなく、一人暮らしをしている障害者や高齢者に共通したことと思います。いざという時のことを考えてしまいます。

障害者の仲間に聞くと24時間ホームヘルプサービスで対応している人がいる半面、僕と同じ不安を抱えている人もいました。

町内会など近所の人たちとのつながりを強め、緊急時に徒歩や自転車でお互いに駆けつける雰囲気を作っていれば、安心なのかなと思いました。

3 数学の授業

1　数学――お互いに教え合えるよさ

「センセイは、どうして数学のセンセイになろうと思ったのですか?」「センセイ、数学好きなの?」

生徒から時々、こんな〝質問〟を受けます。とても大切なことだと思い、いつも次のように答えています。

中学生のころから、僕は数学が体育の授業に次いで好きでした。計算問題で早く正確にできたときの爽快感、文字を使うと奇数を「2n+1」、偶数を「2n」と一般的に表現できることなどは、僕の知的好奇心をくすぐりました。

正答は一つですが、答えまでの道のりがいっぱいあります。一つの問題に様々な見方や考え方があります。授業で解き方の違う友だちの発表を聞いて、「こういう見方、考え方もあるのか」とワクワクしていました。好きこそものの上手なれ。どの教科よりも数学を勉強していました。

高校2年生の時でした。授業中、先生が三角関数で「超ムズカシイ問題だ」と言って、僕に当てました。自信はありませんでした。渋々答えると、「正解!」と大きくマルをつけてくれました。

授業が終わると、クラスのある女の子が「さっきの問題、教えて」と話しかけてきてくれました。

好意を抱いていた女の子の質問に、どのように答えたのか覚えていません。でもその日、家に帰ってからもひたすら数学の勉強をしたことを覚えています。

その後、クラスの仲間たちからもよく問い合わせを受けるようになりました。間違ったことを教えるわけにいかないし、答えられないのも失礼だなと思い、毎日のように数学の勉強をしました。「数学を通して、クラスの仲間と打ち解けることもできるんだな」と思い、より一層の励みになりました。この時の体験が現在につながっています。

〝質問〟に、「数学ができると、モテルよ」と答えると、生徒は「そうかなあ」とつぶやき、首をかしげていました。数学のよさはお互いに教え合えることだと思っています。このことを伝えたいと思い、数学教師を目指しました。

2学期が始まりました。生徒と一緒に過ごす学校生活を大切にして、長い学期を乗り切りたいと思っています。

2　授業——パソコン使い十分に事前準備

年末年始は八郎潟の祖父母の家で、家族といっしょに過ごしました。毎年、近くの神社でおみくじを引きます。今年は「大吉」。あまり信じるほうでありませんが、幸先の良いスタート。

今年はどんな年にしていこうかなあと考えています。でも、特別に気負うことなく、人とのかかわりを大切にして生きていきたいと思っています。

さて、僕がどのような授業をしているのか紹介したいと思います。僕の授業作りのベースにあるものは、〝生徒といっしょに作る授業〟をしようということです。「他の先生は板書ができてイイなあ」と嘆いても、脳性まひの障害があって、板書がスラスラできない僕が他の数学教師と同じような授業をできるわけではありません。その現実を受け止めたうえで、どのようにして授業を作っていくか……一人の数学教師として、問われています。

毎日の授業を支えているものは、授業の準備。重要な語句や学習内容のまとめをパソコンに打ち込み、画用紙に印刷します。

学習内容に応じて、画用紙の大きさ（A４、B４、A３）が違います。数学は全て横書きなので、画用紙も横書きで印刷します。他の教師がチョークの色を使い分けて板書するように、黒色を基調として、大切な語句を赤色で印刷します。後ろの生徒にも見えるように、字の大きさと太さに気を使っています。今までいろいろと試して、コンピュータソフト「ＷＯＲＤ」のワードアートで作ることが一番良いと感じています。

印刷した後、画用紙の裏にマグネットを張ります。黒板にペタッと貼れるようにするためです。ここまで事前に行ない、授業に備えます。事前準備を怠ると、授業が成立しなくなります。

中学校の数学の学習内容は、【数と式】【図形】【数量関係】の３つの領域があります。各領域の学習内容が違うので、当然ながら、授業の準備も違います。

僕はいろいろな見方や考え方ができる【図形】領域を教えることが好きです。しかし、図をかくことが困難なため、事前に図を準備する（例えば、スキャナーで図を取り込む）必要があります。準備は大変ですが、「先生、こんなに準備しているんだ」と、その分生徒に伝わるものがあるようです。

冬休み明けの図形の学習が楽しみです。

3　テレビ取材――見えた「生徒と作る授業」

「僕の授業は、一体どのような授業なのだろう」。僕自身、自分の授業を受けたことがありません。だから、いつも疑問が付きまといます。また、読者の中にも僕がどのように授業を実践しているのか、疑問に思っている方もいるような気がします。

最近、フジテレビ系（秋田テレビ）の番組「とくダネ！」の取材を受け、授業を客観的に見る機会がありました（２００４年2月放送）。放送された番組をビデオに録画して、友だちといっしょに自宅で見ました。第一に感じたことは、僕の言葉についてです。生まれつき言語に障害がありますだけど、話をしているときは言語に障害があることを感じません。皆さんも同じように、自分の言葉を自分で聞くことはできません。改めて放送を通して自分の言葉を聞いてみると、モゴモゴしているなという印象を持ちました。その僕の言葉を生徒は「全く違和感がないよ」と言って聞いていることに、「慣れる」ことの大切さを感じました。

2番目に、僕の授業です。僕の授業のモットーは「生徒といっしょに作る授業」です。このモットーが放送では具現化されていました。4月、僕が授業を担当することになった生徒には、必ず言っている言葉があります。

「僕は、僕一人では授業を進めていくことは困難。でも、僕の目の前には皆さんがいます。僕は板書、グラフや図をかくことが困難。でも、皆さんが僕の代わりにかいてくれるのなら授業ができます。皆さんといっしょに授業を作っていきたい」

初めはキョトンとしていた生徒も、僕の授業に「慣れ」てくれたので、順調に1年間の学習内容を終えられそうです。

「黒板のココに、点Pをかいてくれる人」「三角定規を使って、平行線をかいてくれる人」と生徒に投げかけます。生徒が自主的に手をあげてくれるまで待ちます。「僕の困難さをみんなで支えあうことによって、困難でなくなる」。このすばらしさを生徒一人ひとりに感じてほしい……授業を通して、「人は一人でなく、いっしょに生きていくもの」と伝えたいと思っています。

僕の授業を評価するのは、誰でもなく僕の授業を受けた生徒たち。その生徒たちは僕の授業を「ふつう」と言ってくれています。「すばらしい」と言ってくれるように、さらに「ガクちゃん先生」の授業を高めていきたいです。もちろん、数学教師として、生徒一人ひとりに数学の力が身につく指導をしていきながら。

4　生徒への自筆コメント――ありのまま下手な字も個性

　1999年の秋、秋田市立下北手中で講師をしていたときのこと。先輩の先生が「生徒のプリントやノートに、コメントを書いたほうがいいよ」とアドバイスをしてくれました。細かな字を書くことが苦手な僕は「生徒のノートやプリントを僕の字で汚したくない」と考えていました。だから、「見た」という確認の意味のハンコを押して、ノートやプリントを返していました。決していい加減にハンコを押していたわけではなく、しっかりと生徒が書いた「自己評価カード」を読んでいました。「自己評価カード」とは授業の理解度をつかむため、生徒に感想などを書かせているカードです。

　しかし、最初は2、3行感想を書いていた生徒がほとんど書き込まなくなりました。先輩の先生にどうして書かなくなったのか、相談をしました。先輩は「きっと、ハンコだけ押しているからだろう。生徒は返されたノートに何も書いていないとガッカリする。君は字を書くことが大変と思うけれど、一言でもいいから、生徒へコメントを書いたほうがよいと思うよ」。

　僕は左手に鉛筆を持ち、字を書きます。書くことはできますが、他人が読める字を書けているのかどうか、自信がありません。文章はパソコンを使います。提出書類などは、パソコンで書式を作成して書きます。それ以外は主に母に代筆をしてもらっています。

生徒へコメントを書こうと考えたとき、最初はパソコンで書いたものを生徒のノートやプリントに貼ろうと考えました。しかし、切り貼りする際に人のサポートが必要で、現実的ではないと判断。結局自筆にしました。

今でも、初めて生徒のノートに赤ペンでコメントを書いたときのことを覚えています。左手が震えました。うまく書こうと思えば思うほど、左肩が緊張して、不随意運動が激しくなりました。「いいぞ」「よし」「ｇｏｏｄ」「ＯＫ」……一言ずつコメントを書き添えました。この一言のコメントを30人の生徒に書くために、30分くらいかかりました。ハンコだけよりも、5倍の時間がかかりました。

生徒一人ひとりに初めてコメントを書いたノートを、いつものように返しました。すると、生徒はノートを開き、友だち同士で「何て書いてあるの？」と確認し合っていました。僕の字があまりにもひどかったようで、「先生、これ何て書いたの？」と聞きに来ました。「『いいぞ』と書いたんだ。ごめんね。読めなくて」と答えると、「私のほうこそ、先生の字を読むことができなくて、ごめんなさい」と生徒が言いました。この日から、赤ペンでコメントを書くようになりました。

あれから5年。最近はうまく書こうと気負わず、ありのままの字を書いています。時々、「先生、この字は何て読むの？」と質問を受けるときがあります。「先生の字は決してうまくはないけど、下手でもないね。個性的な字だね」と言ってくれる生徒もいます。

この頃、教育界は「ゆとり教育」と「脱ゆとり教育」で揺れていました。自分の教育方針を見失わないよう生徒とかかわっていきたいと思っています。

5　1年生の授業――高い学習意欲引き出したい

新年度が始まりました。この年度は1年部所属の数学科主任で、情報科学部担当、男子卓球部部長になりました。

5年間の教師生活で、主に1年生の指導を多くしてきました。小学校を卒業し、大きな期待と少しの不安を抱いて入学した1年生。胸の中に抱えている新鮮な気持ちを大切にしていけるような指導をしたいと思います。同様に、中学校の校則や学習への取り組み方をしっかりと理解させる指導も大切です。

3年間の中学生活を考えたとき、中1には中1でしか教えることができない大切な内容があります。中1の学校生活が土台となって、中学3年間の学校生活があります。今までかかわってきた生徒で、1年生のときに学習面と生活面で真剣に取り組んだ生徒の多くは、中学校生活をとても充実させていました。

中学になると教科担任制となり、授業ごとに先生が変わり、教科名も〝算数〟から〝数学〟へと変わります。今まで教えてきた1年生の中には、中学校の学習に対して「難しいのかな」と不安を抱えている生徒がいました。一方、「どのような学習するのだろう」という知的好奇心があり、ほとんどの生徒は高い学習意欲を持っていました。

先日、1年生の最初の授業をしました。初授業は、僕も緊張します。生徒は生まれて初めての〝数学〟の授業。その貴重な瞬間に、毎年僕は立ち会っています。僕には、生徒一人ひとりと〝数学〟との出会いを確かなものにしていく役割があると思います。

数学に対して、学ぶ前から苦手意識を持っている生徒がいます。数学を3年間学ぶにあたり、ぜひとも必要な基礎的な学力を身につけさせるという大切な役割があります。また、数学の力が身に付く学習の仕方（予習・復習、ノートの取り方など）を繰り返し指導することも大切です。これらのことを念頭に、1年生とかかわっています。

最近、僕が中学1年生とかかわることは、僕のありのままの姿を知ってもらい、受け止めてもらう良い機会のような気がしています。校内を電動車いすで歩く姿、同僚の先生方の協力を得て階段の上り下りをする姿、言語障害がある僕の言葉、いすに座って授業し、板書する姿、僕の字……これらを1年生は少しずつ目の当たりにします。その中で、数学をわかりやすくするため、誠心誠意努力している姿を生徒に伝えることができたらと思っています。

毎年、1年間教えた生徒と一緒に持ち上がりたいと気持ちはあります。3年間、同じ生徒に数学を教えたい、学級担任になり、生徒に指導をしたいと思っています。教師になった以上、なるべく早く持ち上がりの3年間や学級担任を経験したいと考えています。

しかし、僕の一番の仕事は生徒に数学を教えることです。僕が働きやすい学校に整えることも大切ですが、それ以上に生徒にひたむきに教えることです。すべての生徒が「三戸先生から数学を習ってよかった」「西中に、三戸先生がいてくれてよかった」と思ってもらえるように、今年度も、一人の人間の幅を広げながら……。

いつも視線の向こうに生徒がいる生き方を続けていきたい。与えられた条件の中に、限りなく大切なものがあるはずと思っています。それを見逃さないようにしていきたい。

6　みんなの登校日――意外？　生徒の発想力に感動

ある年度から、県教委は地域に開かれた学校を目指して「みんなの登校日」を設定しました。1～6時間目までの授業を自由に参観できる開放日です。秋田西中では、6月28日～7月1日がこの「登校日」でした。いつ来ても、いつ帰っても良い気軽さがあります。

ある方から数学や英語の時間になぜ教師が2人いるのか、質問されました。複数の教師がいると、生徒一人ひとりに応じた指導ができるためと説明したら、「私たちの頃と違い、今の子たちは恵まれていますね」と話していました。

この期間の1年の授業での1場面。「袋入りのサクランボを3袋買いました。1袋に、サクランボがx個入っていると、全部で何個あるか」という問いに、ある生徒が「xはアルファベット順で24番目なので、24×3＝72個です」と答えました。正答は「x×3＝3x個」ですが、この考え方に感動しました。

普段、授業中に自分の考えをどんどん発表するよう教えています。「間違っても恥ずかしくない。テストで間違ったほうがよっぽど恥ずかしい」と日ごろから指導しているので、その生徒を思いきりほめました。

ある参観者から「24×3＝72は大傑作でしたね。子どもの発想の豊かさと、それにしっかり応える先生の姿勢にほのぼのとした心地よい感動を得ました」と言っていただきました。

中学校は教科担任制なので、授業前に各クラスの「教科係」が、担当教師に準備するものはないか、聞きにくることになっています。例えば、授業で使うプリントの配布を頼んだりします。教科係のおかげで、始業ベルと同時にプリント学習ができます。

授業前に、僕は必ず数学係の生徒に「プリントとカゴを持っていってもらい、ローラー付きのイスを準備するよう頼みます。カゴとイスは、僕が授業する上での必需品。カゴの中には、七つ道具（教科書、ノート、チョークフォルダー、指示棒、磁石、フェルトペン、黒板に貼る学習カード）が入っています。

電動車いすで教室に向かい、教室でローラー付のいすに乗り換えます。立ったまま板書ができないため、いすに座って板書をします。板書の際、床を足でけり、いすごと移動します。

ローラー付のいすは、昨年、西中に赴任した際に学校が購入してくれました。電動車いすは、フットレスト（足をかける部分）が邪魔でうまく床をけることができないので、授業には適していません。

1年の生徒が電動車いすやローラー付のいすに乗せてほしいと頼んできました。正直、僕は悩みます。「これは遊び道具でない。僕にとって、大切な道具だ」と言うと、生徒は「そんなこと分かっているよ」という表情と、乗りたそうな表情を浮かべます。生徒の気持ちを確認したうえで、許可しています。

初めて乗る電動車いすに生徒は「結構、スピードが速いね」と感想を寄せます。時速4・5キロが速く感じるようです。
2、3年生は、「体験をしたいから乗せて」と言います。「痛いところをついてくるなぁ」と思います。乗っている様子はどう見ても遊んでいるようにしか見えませんが、「先生の気持ちが分かったよ」と返してくると、何だかうれしい気持ちになります。そして、体験学習に興味を示す生徒が気軽に僕の階段のサポートなどをしてくれています。憎めない生徒たちです。

7　コンパス──「図が描けない」数学教師でも

僕は学生の時、図を描くのに苦労しました。数学の授業で「平行線の描き方」を習った時、一つの三角定規を固定し、もう一つの三角定規をずらすことが大変でした。

平行線を描く時、僕はいつも緊張していました。うまく描けたら一安心し、ずれたら最初からやり直し。何度も繰り返すうちに、「正確にできなくても、描き方が理解できていれば良いのだ」と開き直っていました。

友だちに「こんな簡単な図も描けないの？」と馬鹿にされたこともありました。

高校の時の数学教師は「コンパスを自由に扱えるようになれば、一人前の数学教師」と話していました。その教師はコンパスを駆使し、黒板に色々な図を描いてくれました。それを見て「僕はとても描けないなあ」と思いました。

数学教師を志したとき、「図を正確に描くことができないのに、本当に数学教師が務まるのか」と葛藤しました。

その悩みを抱えながら、「論理的に考える数学が好きで、生徒に数学を教えたい」という気持ちが僕を大きく前に推し進めました。この気持ちがあれば，「なせば成る」と思っていました。

その僕は今、数学教師をしています。

図形の学習では、三角定規とコンパスが必需品ですが、僕は三角定規をほとんど使いません。三角定規を使うと直線を引くのに時間がかかり、授業の効率が悪くなってしまいます。

コンパスは市販のものとは異なる、特殊な教具を使っています。生徒からは「先生のコンパス」と呼ばれています。

このコンパスは支点部分にマグネットが付けられていて、黒板に固定できます。コンパスの幅を調節して一回転させると円ができあがり。教師生活2年目の時、教材のカタログから偶然見つけました。

授業前、生徒が「先生、授業で使う図を描きましょうか」と言ってくれる時があります。「ありがとう。よろしくお願いします」と僕。生徒の自主性が育っていることが実感でき、ほほ笑ましいです。

授業では、僕は平行四辺形に見えない図で説明しています。「図が分からなかったら正直に言ってもいいよ。僕は傷つかないよ」と生徒には伝えています。

今まで一度も生徒に「図が分からない」と言われたことがありません。生徒は遠慮しているのかもしれませんが、僕が書く字や話す言葉、動作などに慣れてきた証拠でしょう。信頼関係の一つと考えています。

図を正確に描けないなら、事前に図を準備して黒板にはる授業をしたことがあります。

でも、今は自分が描いた図で説明したい。僕のありのままの姿を見せることで、生徒との距離が縮まるような気がします。

僕の授業を受けた生徒に感謝の気持ちと、正確な図を描けないため申し訳ない気持ちで一杯になります。

図を正確に描けたなら、生徒の成績が上がるかも……。この気持ちを中学生の親に相談したところ、「100点をとる生徒もいるので、気にすることないよ」とのことでした。

僕は数学教師として、図を正確に描くこと以上に、図を描く手順や考え方、見方をしっかり身に付けさせることが大切ととらえています。

今年度の図形の学習が終わろうとしています。「図がきれいに描けなくとも数学教師になれる」。そこから願わくは「生きる奥深さ」を感じ取ってくれたらと思っています。

4 障害者スポーツ

1　卓球――打ち合いで通う心の交流

２００３年９月６日に第１回秋田県障害者スポーツ大会がありました。身体・知的・精神障害者の大会が一緒になった初めての大会で、県内の障害者スポーツでは最大規模の祭典です。僕は一般卓球競技に出場しました。

障害者スポーツは、障害の程度に合わせてグループ分けして、試合をします。今年は僕と同じ障害区分の対戦相手がいなかったので、無条件で４年連続の金メダルでした。別の障害区分の人たちとも試合をし、１勝１敗でした。１試合目が０－３で負けて、２試合目が３－２で勝ちました。２試合ともサーブミスを連発するなど、自分のミスから相手に点数を与えてしまい、納得のいく試合ではありませんでした。勝ち負けの問題ではなく、緊張して、身体がガチガチになり自分らしさを発揮できなかったことが悔やまれます。メンタル面で、大きな課題が残りました。

４年前、家の中で悶々と教員採用試験の勉強をしていたとき、気分転換になればと「秋田市障害者卓球教室」に参加したことが最初の出会いでした。地域の「みんなと卓球サークル」や県障害者卓球協会に参加し、最近は秋田大学卓球部の練習にも交ぜてもらっています。

初めの頃、僕と一緒に打ち合うことにためらっていた人も、一緒に打ち合うことで、徐々に打ち解けていきました。今では「一緒に打ち合おう」と気軽に声をかけてくれます。言葉のいらない世界に、完全に魅了されています。

ラケットは、持ちやすく、力が入りやすいシェークハンドを愛用しています。「石の上にも3年」と言うように、練習すると、必ずうまくなります。学習も同様ですが、練習を積み重ねていくことで、確実に上達しています。

次の夢は、パラリンピック。「夢は大きく」が僕の信条。どこまで成し遂げるか分かりませんが、挑戦していきたい。夢に向かって生きていく姿勢を生徒に伝えていきたい。また、卓球を通して、いろいろな人と出会い、世界が広がっていきました。

障害者は家に閉じこもりがちです。スポーツを通して、社会と接点をもてること、自己実現ができることを伝えていきたいと思います。

この大会は、たくさんの人に支えられていました。このことに、心の底から感謝しています。

2　卓球大会で全敗――夢実現に努力すること大切

２００４年11月20日、21日、大阪・舞洲で開かれた「第5回日本障害者卓球選手権大会」に参加しました。４年前に肢体不自由者と知的障害者の二つの卓球大会が統合された大会です。パラリンピックやフェスピック（アジア・オセアニア地域の障害者スポーツ大会）などの国際大会への選手選考を兼ね、国内トップ選手の多くが参加します。

この大会は、パラリンピックなどと同じ細かなクラス分け（12段階）がされているため、障害の程度がほぼ同じ選手が対戦します。そのため、白熱する試合が多いのです。予選はなく、日本肢体不自由者卓球協会や日本知的障害者卓球連盟の登録会員ならば、参加資格が与えられます。

僕は立位で、右手にシェークハンドのラケットを持ち、卓球をします。両足に障害があるので、機敏な動きはできません。コースを突かれると、うまく反応できません。それは、相手も同じことです。「自分が取れないコースは、相手も取れない」と思い、コースを狙う練習をしてきました。

僕は20日の個人戦に出場しましたが、結果は予選リーグ３戦全敗。１セットも取れないで負けました。今年で3度目の出場でした。今まで不戦勝はありましたが、試合で勝ったことはありませんでした。「今年こそ、初勝利を」と練習を積み重ねましたが、自分のペースの試合運びにはなりませんでした。フワ~と上がったボールや、つないでいけばよいボールを強引にスマッシュをして、ミスを繰り返しました。早く自分のペースをつかみたいと思うあまり、相手に試合の流れを与えてしまいました。

大阪に出発する前、同僚の先生方から激励されました。あるクラスでは「先生、初勝利がんばって。定期テストの勉強しながら、応援しているよ」と励ましの声。生徒や先生方の気持ちに、初勝利で応えたかったのですが……。

大会後、クラスの生徒や卓球部員たちに結果を報告しました。「試合に負けてかなり落ち込み、卓球に向いていないのかなと思いました。だけど、しばらく考えていたら、卓球が好きだと気づきました。すると、来年に向けて、再び練習をがんばりたいと思いました」。いずれも、生徒は黙って聞いてくれました。

僕の話をどのように感じ取ったのか、分かりません。「一人ひとりの生徒が夢や目標をもって生きてほしいと願うのなら、まずは自分が夢や目標をもって生きたい。そして、生徒にその素晴らしさを伝えたい」。これは僕の持論です。

夢や目標をもち、それに向かって努力しても、必ず達成されるわけでない。しかし、夢や目標に向かって努力していかないと、達成することができない。このことを僕は卓球を通して、生徒一人ひとりに伝えていきます。僕とかかわった生徒一人ひとりが夢や目標を大切にして生きてほしいと願っているので……。

3　卓球部の試合――生徒へのアドバイスに腐心

２００５年６月18日〜21日の３日間、秋田市中学校総合体育大会（中総体）がありました。中総体は中学校生活の大きなイベントの一つ。地区大会の上位校（者）が東北大会、全国大会へと進んでいきます。

今年の中総体は男子卓球部部長として、卓球会場に行きました。大会前、男子監督から「試合中、コーチとして、ベンチに入ってほしい」と言われました。何事も経験が大切なので、快く引き受けました。でも、選手へのアドバイスで勝敗が決まるのかと思うと、責任を感じました。

日頃、地域の公民館やクラブチームで、僕も卓球の練習をしています。練習中に、「ラケットの振りを速く」「戻りを速く」などとアドバイスをしてくれます。中学生時代にどんな練習をしていたかや中学生向けの練習方法を教えてくれる人もいます。５年前から卓球をやり始めた僕には、とても参考になります。

学校では、ときどき、相手がいない生徒と一緒に打ち合います。その際、僕は、地域の卓球仲間から受けたアドバイスを基に、気づいたことを生徒へ伝えます。しかし、いつも暗中模索。僕の卓球経験でアドバイスしていいのか悩みましたが、気づいたところは積極的に伝えていこうと思いました。

中総体前日、選手には「決して、あきらめないこと。最後の1本まで、勝負は分からない」とげきを飛ばしました。選手一人ひとりが納得のいく試合をしてほしかったのです。

中総体当日。卓球の試合は1セット11点の5セットマッチ（3セット先取）です。1セットが終わると、選手がベンチに戻ってきます。その1分間に、選手にアドバイスします。

どのようなアドバイスをしたらよいか、以前に卓球仲間に相談をしていました。「気づいたことがたくさんあっても、試合に没頭している選手に届かないので、多くのことを語らない。精神的なことと技術的なこと。この一つでいいんじゃないかな」。これを聞いて、僕は選手に「いけるぞ！」と自信を持たせるアドバイスを心がけました。

試合中、選手はもちろん監督やコーチ、部員が一つになり、1点が入ると「ヨッヨッヨッ！」と喜び、点を失うと「ドンマイ！」と励ましました。団体戦で、相手サーブの返し方をアドバイスして、そのサーブをうまく返して得点できたときは、思わず心の中で「ガッツポーズ」しました。

結果は個人戦で一人が県大会出場を果たしましたが、男子団体の県大会出場はなりませんでした。

選手が一番悔しいはずです。試合後のミーティングで「3年生は卓球を通して、多くのことを学んだと思います。そのことを毎日の生活の中に生かしてほしい。1年生と2年生は、この悔しさを胸に秘めて、毎日の練習をがんばっていこう」と話しました。

今、1、2年生の新チームで練習が始まっています。男子卓球部の部長として、部員たちに何ができるかを考えています。卓球仲間に相談すると、その仲間は「生徒といっしょに打ち合うと、生徒は喜ぶと思いますよ」と言いました。

先週の土曜日の練習日。生徒といっしょに打ち合いました。その様子を見ていた保護者は「生徒にかかわってくれて、すごくうれしい」と言ってくれました。少し自信をもちました。

4　卓球と僕――障害理由にあきらめないで

２００６年９月９日、第４回県障害者スポーツ大会があり、卓球競技に出場しました。この大会は、全国障害者スポーツ大会に出場する選手の選考も兼ねています。

肢体、聴覚、視覚、知的、精神と、障害の種類と程度で、区分されます。卓球なら、脳性まひの中でも、上肢が動く人と動かない人では試合ができず、障害の程度が同じような人と対戦します。

僕の障害区分には、３人が出場しました。僕はシード選手。初戦が「決勝戦」でした。僕は立位で、シェークハンドを使用。セットカウント３対１で、優勝しました。

僕は試合になると、緊張して身体が硬くなります。試合後対戦相手に聞くと、僕だけでないことを知りました。練習仲間からも「緊張していたね。動きが硬かったよ」。性格なのか障害なのか、原因はわかりません。練習通りの動きをしたいのですが、なかなかうまくいきません。

僕にとっての卓球とは――。「リハビリですか?」とよく聞かれますが、純粋に楽しんでいます。地域の卓球サークルや障害者の卓球仲間と、練習しています。平日は仕事が終わってから。クタクタに疲れていますが、シューズを履きラケットを持つと、別人になります。汗を流すと、気持ちもリフレッシュします。「仕事帰りのビールは格別」と言いますが、僕は「仕事帰りの卓球は格別」

です。

　練習仲間に誘われ、数年前からは、健常者も参加する卓球大会に出場しています。はじめは試合になれるために参加していました。

　初めて出場した大会では、「障害者だから勝てない」とマイナス思考で出場しました。その結果、試合に負けました。が、健常者との対戦を経験するうちに考え方が変わりました。負けた悔しさを感じたからです。考え方を改めたら、初勝利を挙げられました。「あきらめなければ、何が起こるか分からない」と思いました。

　不安もあります。僕が対戦相手だと、手を抜いているのではないかと考えるからです。１点も取れなくてもいい。どんな相手とも全力で勝負をしたいです。

　来年、秋田では全国障害者スポーツ大会が開かれるので、その大会の出場を目指し、練習を重ねています。

　現在、下回転のサーブを練習しています。ボールがラケットに当たる瞬間に力を入れ、ボールの下をこすることで、バックスピンを掛けるサーブです。このサーブは手首を使います。時間があれば、家でラケットを持ち、手首を左右に動かしています。練習を積み重ねて試合での「武器」にしたいと思います。

　先月下旬にあった、県卓球選手権大会兼全日本卓球選手権大会（一般の部）の予選会にも出場しました。対戦相手は高校生。敗れましたが、２セット目に７点取りました。会場からは「がんばれよ」と声を掛けられ、とてもうれしかったです。

「障害があるから……」と、スポーツを含めすべてのことをあきらめてしまう障害者が少なくありません。

障害者同士でかたまらないで、勇気を出して健常者の中に飛び込んでいくことが共生への第一歩。初めは受け止める人がいなくても、何度も何度も輪に加わることでとけ込んでいけるはずです。

5　わか杉大会出場――夢に向かう生き方見せたい

2007年6月9、10の両日、全国障害者スポーツ大会（秋田わか杉大会）リハーサル大会が県内各地で開催されました。陸上競技、水泳、アーチェリーなど6つの個人競技と、車いすバスケットボール、ソフトボール、グランドソフトボール、フットベースボールなど7つの団体競技がありました。

どの競技も、10月13日から始まる「秋田わか杉大会」の出場選手を決める参考試合でした。

僕は秋田市立体育館であった卓球競技に出場しました。視覚、聴覚、知的など障害別に細かくブロックが分かれ、僕は上肢に不随意運動があるブロック。出場選手3人によるリーグ戦でした。

「地元開催の大会を選手として盛り上げたい。そこで金メダルを取ることが最低目標だ」との気持ちで臨みました。

当日は緊張で身体がガチガチになり、サーブミスするなど思い通りにプレーできませんでしたが、相手のミスもあり結果は2戦全勝でした。

表彰式で金メダルを首にかけられたとき、言葉で表現できない感情が沸いてきました。同僚や仲間、家族らが僕の目標を受け止めてくれたからこそ、金メダルを取れたのだなと思うと、感謝の気持ちでいっぱいになりました。

14日。学校から帰宅すると「全国障害者スポーツ大会」出場を知らせる通知が届いていました。今回は2度目の出場。6年前の前回は1勝もできずに銅メダルでした。その悔しさを秘め、今は「まずは1勝すること」と頑張っています。

28日、県選手団の打ち合わせ（陸上競技以外の個人種目）が秋田市内でありました。選手と役員の紹介があり、ユニホームの採寸と練習会がありました。

大会の練習に励むことはもちろんのこと、全国から秋田にやってくる選手と積極的に交流し、秋田のよさを伝えていきたい。そんな自覚が芽生えてきました。

大会まであと100日ほど。目標にむかって「サーブ」と「バックハンド」の練習に日々励んでいます。

僕にとって、目標は生きていく方向性を示す光のようなもの。目標が消えてしまうと、どの方向に向かって進むのがいいかが分からず、不安を感じてしまうこともあります。

卓球は念願の教師になってからはじめました。僕が卓球に取り組むとき、常に生徒へのメッセージを考えています。

生徒とかかわっていると、なかなか夢や目標をもてない生徒に出会います。そんな時、自らが夢や目標に向かって生きていく姿を生徒に見せ、その素晴らしさを伝えていきたいと思うのです。

07年度、男女卓球部の顧問をやっています。「卓球を通じて自信をもってほしい」と願い、生徒と打ち合ったり、生徒に球出ししたりします。

技術面を含めた卓球の魅力を生徒に伝えるべく、雑誌を読んだり練習方法を紹介するＤＶＤを見たりもします。

そんな時、ある生徒から声を掛けられました。

「先生、秋田わか杉大会出場おめでとう。僕も中学総体がんばります」

これが僕のできる最大の指導なのかなあと思います。今年の夏から秋にかけては、熱くなりそうです。

6　続・わか杉大会に出場――スポーツ通じて目標を持つ

秋田わか杉大会の卓球競技に出場しました。

大会直前に、給食時間の校内放送で、放送委員会の生徒たちからインタビューを受け、僕は「一番いい色のメダルを持って帰りたい」と答えていました。

試合結果はというと、３戦全敗。ただ障害区分が違う相手ばかりで、僕と同じ区分の相手が出場しておらず、無条件で金メダル獲得。戸惑いを感じました。そのために今まで練習に取り組んできたからです。

大会への出場が決まってから、職場の同僚や地域の方々、友人・知人ら多くの人たちが「地元開催の大会で、試合に勝って、メダルを取りたい」という僕の思いをくんでくれました。だから試合を通して、感謝の気持ちが伝わればと思っていました。

試合は会場の雰囲気に緊張してしまったのか、普段の練習の実力が発揮できず、自分らしいプレーがあまり出せませんでした。

負けたときは悔しかった。だけどその悔しい気持ちがあれば次につながっていく。今大会の敗戦を冷静に分析したいと思います。

大会期間中、多くの方が応援してくれ、大会を盛り上げてくれました。一人の選手として感謝したい。実際に障害者スポーツを見ることでそれを知り、見方が変わり、理解してくれた方も少なくないでしょう。

大会を通じて、多くの県民が障害者スポーツを見た事実こそ、今後の秋田の障害者スポーツが発展していく大きな力になると確信しています。

障害者スポーツの普及は障害者のためになるだけではありません。すべての障害者が気軽にスポーツを楽しめる社会は、すべての人々が気軽にスポーツを楽しめる社会になるはずです。

また人間はいつ、どんな状況になるのか分からない。交通事故で車いす生活になったとしても、スポーツを通して、自己実現ができ、目標をもつことができます。

そんな可能性があふれる社会の要素の一つに、障害者スポーツを位置づけたい。そのためにも障害者が気軽にスポーツ施設に行けるよう、社会的な整備が欠かせません。

大会関係者は、選手が試合に集中できる環境を整えてくれました。ボランティアで大会を支えた方々の中に教え子もいました。試合会場となった秋田市立体育館に応援にきてくれた生徒もいてうれしかった。

日頃から生徒には「目標をもって生きることの大切さ」を話しています。「結果でなく、目標達成に向かう過程が大切」と生徒に語っています。この大会は自ら身をもって示すことができる機会であり、僕の教育の場でもありました。

ローカルニュースで、僕のことが紹介されました。放送を見た生徒に「かっこよかったよ」「金メダルを見せて」と言われました。僕の気持ちが伝わっていると確信しました。

これからの教育活動にも活かしていきたい。

5 学校行事

1　体育大会――走る生徒の姿、心に焼き付け

青空の下、秋田市の八橋陸上競技場で、土崎中の体育大会が開かれました。種目は、生徒全員が参加する50m走や持久走などのほか、代表選手が競う学級対抗リレー、部活動対抗リレーがありました。

体育大会が近くなると、休み時間や放課後に生徒たちは「先生は走らないの？」「いっしょに走ろうよ」と話してきます。僕は身体を動かすことが大好きで、生徒たちは自然にそれを察しているようなので、「僕のことをよく分かっているなあ」と思っています。

「走るのは遅いよ」と答えると、「いいよ。先生の走る姿を見てみたい」と生徒。そう言われると不思議に走ってみたくなります。

障害のある僕を見て、「身体を動かすことが嫌いではないか」「運動は苦手だろう」と思う人が多いようです。そう感じたら、僕は「スポーツが好きな障害者もいるし、嫌いな障害者もいる。健常者と同じ、人それぞれです」と話しています。

体育大会で僕は、式典係を担当しました。大会の10日ほど前、体育の先生に「僕ができる役割を与えてくれませんか」と相談しました。いろいろな学校行事の中で仕事をこなすことが若い教師の

役目です。式典係は、開会式と閉会式の準備で、僕は生徒たちと考えることになりました。

大会の3日前、準備作業も本格化して生徒の役割分担を考えたり、選手宣誓の生徒を指導したりしました。学校行事の多くは当日の活動が注目されますが、事前の準備なくしてうまくいくことはありません。そう思いながら、生徒たちと一緒になって準備しました。

大会当日、僕は車いすに乗って、トラックのすぐ横で生徒を見守りました。「がんばれっ」。僕が最大限にできることは生徒を後押しするような応援すること。それと生徒の走っている姿を心に焼き付けることです。生徒が壁に当たってくじけそうになった時、「体育大会で走っていた君の姿を思い出すと、もう少しがんばれそうな気がするよ」と励まそうと思っています。

閉会式も無事終わりました。2年生の女子生徒が「先生、私の走っている姿見た?」と声をかけてくれました。「うん。見たよ」。そう答えると、生徒はにっこりほほ笑んでいました。

2　文化祭――体験を重ねてあたらしい発見

9月19日、20日（一般公開日）は土崎中学校の文化祭「土中祭」でした。僕は主に「港ばやし部門」と「福祉コーナー」を担当しました。「港ばやし部門」では「寄せ太鼓」や「あいや節」など5つのはやしを発表しました。準備を始めたとき、5人の生徒と話し合い、より「土崎港曳山祭り」に近い雰囲気で、発表をすることになりました。

「あいや節」では、灯篭に明かりをともし、港祭りの夜の戻り曳山車をイメージしました。電球がつかない灯篭と、ついた灯篭で、昼と夜を表現。一つの演奏ごとに5人そろってお辞儀をすること、はっきりと掛け声を言うこと、この二つを生徒に指導しました。ステージで、5人そろってお辞儀をして、掛け声を出している姿を見て、僕の気持ちが伝わっているんだなあと、少し込み上げてきました。「多くの人が『上手だったね』と話していたよ」と伝えると、生徒は照れ笑いをしていました。

今年度、「福祉コーナー」を新しく企画して、担当しました。2学期の初め、教頭先生に「やってみる気はないか」と打診されたのです。準備・運営のサポートは秋田大学のボランティアネットの学生に頼みました。「福祉コーナー」は、僕の講話と「高齢者・障害者擬似体験」の2本立て。

「三戸流!!　自分らしく生きていきたい」と題して、毎日の生活のことや卓球のことを話しました。「いつも三戸先生と学校で会うけど、卓球について熱く語っている先生を見て、とてもカッコイイと思いました。先生はサーブが大事だと言っていましたね。これからも教師として卓球選手としてがんばってください」と生徒から言われました。別の生徒は「普段見せない先生の姿」と言い、これから積極的に体験談や思っていることを伝えていこうと思いました。

擬似体験は、「車いすコース」「アイマスクコース」「高齢者疑似体験コース」の3コースを設定。自分の好きなコースを体験することで、新しい発見を期待しました。「車いすコーナー」が一番人気でした。小学生が車いすを必死にこぐ姿をお母さんが写真に写していました。あたたかい雰囲気に包まれていました。「いつも三戸先生が階段を上るときに手伝ってもらっているのも納得がいくと思いました」「車いすはとっても難しかったです」という感想もありました。体験する場を与えることが大切と感じた企画でした。

土中祭は「祭り」です。とても充実した祭りを思う存分楽しみました。

3　文化祭2――歌いたい気持ちみな同じ

前回の文化祭の続き。

「土中祭」の準備で盛り上がっていたある日の放課後、3年生の男子生徒が「文化祭で、カラオケを歌ってください」と言ってきました。今まで、「歌を歌ってほしい」と頼まれたことがなく、思わず「本当にイイの？」と聞き返しました。「先生の歌を聞いてみたい」と生徒はニコニコ。その表情が僕を強烈に後押ししてくれました。

何を歌おうかと思い巡らし、「The Blue Hearts」の「Train- Train」を歌うことにしました。この歌は、中学1年のクラスの「お別れ会」で歌った曲です。そのとき、初めてクラスの副委員長をやり、クラスをまとめることに苦心した思い出があります。

人前で歌うので、練習しようと、休日に友だちとカラオケへ行きました。テンポが速い曲で、歌っているより流れる歌詞に必死でついていく感じでした。言語障害がある僕は、一つひとつの歌詞をはっきりと言うことができないでいました。「歌う曲を変えようかな……」と悩みました。テンポが速い曲よりも遅い曲のほうが歌いやすいのです。そっちのほうがあまり僕の「障害」を感じさせないでいいのかなと思いました。その気持ちを友だちに伝えると、「イイ感じだよ。歌いたい曲を歌うとイイよ」と一言。

文化祭当日、恐る恐るカラオケ大会の会場へ行きました。たくさんの生徒がいました。「センセイ、こっち」と生徒。教卓を使っての特設ステージがありました。「ここで歌うの？　上がれないな」と思っていると、2人の生徒が両脇を抱えてくれ、いっしょに上がりました。生徒の前でマイクを持って歌うのが初体験で、緊張しました。ステージに座り、歌い始めました。思うように口が回らず、練習の成果を聞かせることができませんでした。でも、それでもイイと思いました。僕の歌を聞いて、言語障害があってもなくても、歌を歌いたい気持ちは変わらないことを感じてくれたから。

後日、「センセイの歌、うまかったよ」と言う生徒。思わず、照れてしまいました。

4　バリアフリー――生徒の気持ち受け止め発信

みなさんは「ハートビル法」をご存知でしょうか。高齢者や身体障害者が円滑に利用できる特定建物の建築を促進する法律です。今まで特定建物は病院、劇場など公共性の高い建物が対象でしたが、２００３年度から学校や事務所、共同住宅などもバリアフリー化の努力義務の対象となりました。

客観的に考えると、僕にとって学校はバリアが多いところかもしれません。なぜなら、学校中を自分一人で自由に移動できません。だけど、そのことにあまり不便を感じなく仕事ができているのは、場面場面に応じて周囲が支えてくれるからだと思っています。

例えば、授業。学校は3階建てで、２階、３階の教室で授業をする場合、授業の前に数学係の生徒が僕を迎えに来ます。授業の道具を持ってもらい、生徒といっしょに教室へ向かいます。男子生徒の肩に腕を回し、もう片方の手は手すりをつかみます。一段ずつ僕の歩調で上っていきます。

最近、「スキンシップが大切」と言われています。毎日、僕はスキンシップをしています。（身長が高くなった）（肩幅が広くなった）……と生徒の成長を感じます。生徒の肩をかりての階段の上り下りは、生徒とコミュニケーションを図る絶好の機会です。生徒から「今日、歩くスピード速いね」「先生、疲れているの？　いつもより遅いよ」と話しかけられることもあります。

土崎中3年目。生徒にとっても、日常生活の一部になっています。階段の前に立っていると、「先生、肩‼」と言って、近寄って肩を差し出す生徒もいれば、「ゴメン…今急いでいるの」と言う生徒がいます。困っている人を見かけたら、気軽に声をかけることができる人間に成長してほしいと期待しています。

最近、「エレベーターやスロープがあったら、便利なのにね」と数人の生徒が話していました。学校内の階段などを生徒や同僚の先生方の支え合いで乗り越えていくことは、大切なこと。同時に、学校施設のバリアフリー化を考えていく必要性があります。

土崎中に赴任してまもなく、玄関にスロープがつきました。そのおかげで、僕は自由に学校を行き来できるようになりました。それ以来、玄関のスロープはケガした生徒、荷物を運搬する人、高齢者など幅広く活用されています。まさに、ユニバーサルデザインではないでしょうか。今後、一教師として、生徒の気持ちを受け止めながら、学校内のバリアフリー化について発信していきたいと考えています。

5　掲示板――楽しみな切り抜きへの反応

連載を多くの生徒に読んでほしいので、生徒玄関の掲示板に掲示しています。生徒も読んでくれているようです。

「玄関に貼ってある先生の記事を読んだよ。『Ｔｒａｉｎ・Ｔｒａｉｎ』を文化祭で歌ったんでしょ。僕も聞きたかったな」とある生徒。別の生徒は「先生の記事、楽しみに読んでいます。最近、玄関に置いてある電動車いす、誰のかな……と気になっていました。先生のものと分かりました」と笑顔で話してくれました。

卓球の話が掲載された後、数人の生徒が「先生、卓球強いの？」と聞いてきました。そして先日、別の生徒が「今、体育の授業で卓球をやっているから、先生も来てくださいよ」と誘ってくれました。時間割を見ると、体育の授業は僕の空き時間にありました。体育館に行くと、早速「先生、こっちこっちこっち」と生徒の声。僕は多くの生徒と試合をしたいと思い、「早く3点を取ったほうが勝ち!!」とルールを作り、試合をしました。卓球部の生徒がシェークハンドのラケットを貸してくれました。

最初、威勢の良かった生徒は「三戸先生、マジで強いぞ」と驚いていました。「三戸先生、たくさん試合をして、疲れているから今がチャンスかも……」と言って、試合に臨んでくる生徒もいました。1時間いっぱい、生徒と試合をしました。さすがに、最後のほうはクタクタ。結果は、一人の生徒に負けましたが、それ以外の生徒には勝ちました。冷や汗ものの試合が何度かありましたが……。

このような生徒の反応から、読者の中に生徒がいることに気が付きました。これからも、ありのままの僕を伝えていきたいと思います。生徒にとって、僕自身が活きた教材だと思います。生徒一人ひとりが何かを感じて欲しい……と願っています。

26日から冬休み。受験生にとって、正念場。今の3年生は、僕が3年間一緒に生活をしてきた初めての生徒です。入学したときのことを思い出すと、心身ともに大きく成長したなあと感激しています。受験は、自分との孤独な戦い。自分の進路に向かって、自分を信じて、自分のできる最大限の努力をするしかないと心の底からエールを送りたいと思います。

6　卒業式——3年間の積み重ねを大切に

3月は卒業式シーズン。例年、名残惜しい人々の気持ちを象徴するかのように、名残雪が別れの季節を彩ります。春の足音が聞こえてきつつ、肌寒さを感じながら、門出を祝い、身体の内側から温かくなる……これが秋田の卒業式シーズンと思います。

小中学校・高校・大学と4つの卒業式を経てきました。中でも、中学校の卒業式は一緒に育ち、学んできた仲間と別れ、一人ひとり旅立つスタートラインの日。高校入試の合否を気にかけながらも、仲間との思い出を惜しむ気持ちと、4月から始まる新生活に期待と不安が混在していたことを思い出します。

12日は土崎中の卒業式です。学校行事のビッグイベント。今年の卒業生は僕が初めて3年間かかわった生徒です。僕の教師生活と卒業生の歩みを重ねることができます。卒業生が1年生のとき、チームティーチング（2人の教師が一緒に授業を行なうこと）で数学を教えました。2年生では授業を受け持たず、3年生は昨年の12月までチームティーチングで授業を担当しました。

一緒に階段の上り下りをする生徒に「随分と成長したなあ」と言いました。生徒の肩に腕を回すので、肩幅が大きくなったことに生徒の成長を感じます。生徒は笑みを浮かべていました。階段は、生徒との絶好のコミュニケーションの機会。「もう少しで、キミと階段の上り下りをすることができなくなるなあ。今まで、ありがとう」と言うと、「あまり先生に肩を貸すことができないで、ゴメンね」と生徒。「街で先生を見かけたら、気軽に声をかけるよ」と言う生徒や「全然、気にすることないよ」と言う生徒もいました。

教師になる前、僕は「生徒とかかわることで、何かを伝えたい。きっと、それは人間の成長にとって大切なものだ」と考えていました。卒業生は「一緒にいることの大切さ」を教えてくれました。ここで、その大切さは何かと具体的に書くことはできません。なぜなら、それは毎日の学校生活にあるからです。一緒に話したり、笑ったり、時には怒ったり……何気ない行為の積み重ねがとても大切なことに気づきました。

一人ひとりの卒業生には、自分らしく生きてほしいと思っています。自分らしさは他人から見いだされるものでなく、自分で見いだしていくもの。ぶっちぎりの自分らしさで、この社会を歩んでいくことを期待しています。

7　修了式――生徒の思い出詰まる1年間

3月19日が修了式。1年間の締めくくりの時期を迎えました。この時期、自分がどれだけ「成長」したのだろうと振り返ります。今年度、僕は教務副主任と数学科主任を務めました。4月には「本当に、やっていけるかどうか」と戸惑いはありました。しかし、1年間を振り返り、とても貴重な経験をさせてもらったと感謝しています。

教務副主任は学校全体を見渡した仕事をしています。主に、時間割りを作成したり生徒の部活動の記録をまとめたり、行事の垂れ幕を作ったりする仕事です。

時間割り作成は、コンピューターのソフトを使います。画面に各先生方の持ち時数を打ち込み、「時間割を作成する」をクリックします。でも、そこはコンピューター。人間の力には及びません。極端な場合、月曜日に1日6時間びっしり授業があり、次の火曜日は全く授業がない時間割りができることがあります。これでも時間割りとして成立しますが、その先生の立場になった場合、とても働きにくい時間割りです。

そこで、時間割り担当の先生と一緒に調整します。難解なパズルのようで、僕はいつも頭を抱えていました。人間の頭脳で、各先生方の授業を曜日毎に均等に配分します。各先生方が働きやすいように、時間割りを作成してきました。

また、数学科主任を務めて、教科の力量が向上したと思います。数学科の先生方と話し合い、今年度の研究主題を決めたり、研究主任の方針を教科内の先生方に伝えたり。また、教科部会で話し合ったことを研究主任に伝えたり、教科主任会で各教科の先生方と連携を図ったりしています。今年度は昨年度に比べて、先生方とコミュニケーションを図る機会が増えたように思います。自分のできる仕事を増やした1年だったような気がします。次のステップとして、来年度は学級担任をやりたいと希望に燃えています。

18日は今年度の最後の授業。1年間の締め括りに、生徒へどのような言葉を贈ろうかと考えています。1年間を振り返ると、そこに生徒の笑顔があり、生徒といっしょに楽しい思い出がいっぱい詰まっています。この生徒と出会えて、本当に良かったと思います。

この時期、生徒たちが「この先生に習えて良かった」「このクラスで良かった」という気持ちでいてくれれば、教師として最高の喜びです。

8　オリジナルソング――本番へ練習重ねたキーボード

7月頃、同僚のI先生と「今年は創立40周年の節目。文化祭で何かしたいね」と職員室の立ち話をしたことがきっかけで、「オリジナルソングをつくって、歌おう」ということになりました。「無」から「有」を作りだす作業が好きな二人は、すっかり意気投合しました。

8月下旬、自称「スクールギタリスト」のI先生から「これに詞を付けてくれないか」と1枚の楽譜を手渡されました。見ると、曲ができていました。僕は楽譜を読むことができないため、生徒に伝えたい思いや西中卒の先輩として後輩にエールを送りたい気持ちを、曲にとらわれず詞にしました。自分の中学校生活を思い出し、中学生の心に届くよう言葉を選んで詞を書きました。

9月3日の放課後、I先生のギターで初めて曲を聞きました。「愛と平和とロックンロール！」がモットーのI先生が作った曲はイメージと裏腹に、フォーク調でした。「この曲に詞が乗るのだなあ」と思うと、気持ちが高ぶりました。「詞の7割ぐらいは、そのままメロディーにはまる。残りのフレーズを考えていこう」とI先生。その日から校内の1室で共同の歌作りが始まりました。メロディーにはまる言葉を探る中で、歌への二人のイメージが一つになりました。完成した歌のタイトルは『風になれ』。二人のユニットは「自遊人」です。

18、19日の両日が西中祭でした。19日の一般公開で、イベント部門の企画の一つに体育館でのステージ発表がありました。そこに出演するため、オーディションを受けて「合格」。オリジナルソング『風になれ』と二人が大好きな、「The Blue Hearts」の『リンダリンダ』を歌うことにしました。生徒が学園祭の準備を終え、完全下校時刻の午後7時過ぎ、毎日ひそかに練習しました。

『風になれ』は1フレーズずつ交代で、サビは一緒に。『リンダリンダ』は出だしが僕で、後は一緒に歌うことにしました。I先生のギター演奏を見て、僕も楽器を演奏できないかなあと思い、I先生に頼んで歌の前奏や間奏で、キーボードを弾くことになりました。I先生は「ド・ファ・ド・シ・レ・ドだよ。鍵盤を押すことができる?」僕は右手の親指と人差し指の2本の指しか自由に動かないため、2本の指だけで鍵盤をたたきます。ドからシに動かすことが一番難しかったです。初めは無理かなと思っていましたが、少しずつできるようになり、当日に間に合わせたいと、練習を重ねました。僕がキーボートを弾く姿を生徒に見せたかったのです。

ステージ発表の前日、校長先生に『風になれ』を聞いてもらいました。「素晴らしいね」と褒めてもらいました。当日、『風になれ』の詞と「自遊人」のプロフィールを書いたビラを受付係の生徒にプログラムと一緒に配ってもらいました。

当日、ステージに上がると、予想以上に、たくさんの人が来ていました。衣装はサングラスと帽子姿。I先生が「決して怪しい者では、ありません」と「自遊人」を紹介。「西中生に捧げるオリジナルソング『風になれ』を聞いて下さい」とI先生のナレーションで演奏が始まりました。前奏のキーボート演奏は思うように動かず、ドとシの音が重なってしまいました。少し残念でしたが、気を取り直して演奏を続け「自遊人」は最高のパフォーマンスをしました。

歌い終わった後の拍手。生徒からは「かなり怪しかったけど、また聴いてみたいな」。

9　生徒会の演説会──自分の考え堂々発表に感銘

10月8日に、前学期の終業式がありました。4日間の秋休みを経て、13日から後学期が始まります。気持ちを切り替え、今年度の残り半年間を充実した学校生活にしていきたいものです。

この時期、学校の生徒会組織の主役は3年生から2年生にバトンタッチされます。先日、生徒会長と副会長・書記長を決める立会演説会がありました。候補者たちは「伝統を引き継ぎ、より良い西中にしていきたい」と、それぞれ自分の言葉で熱い演説をしました。その演説を聞いた生徒たちの投票で生徒会役員が選ばれます。当選した生徒はもとより落選した生徒も自分の考えを聴衆の前で堂々と述べたことは、賭け値なしの金メダルです。また、立候補者の応援演説をしてくれた生徒にも金メダルをあげたい。人を応援することは、その人のよさを知ること。思春期の心が揺れ動く時期に、友だちのよさを見つめて、それを聴衆の前で演説できることは能力の一つだと思います。

自分の考えを堂々と言うことができる生徒がまぶしく見えます。僕は常に「自分の考えを自分の言葉で言うことができる人になろう」と生徒に呼びかけています。授業中も発表を大切にします。数学の授業では、問題に対する自分の答えが合っていたかだけでなく、どのような考え方でその答えを出したのかを説明できて本物の力となります。

生まれつき障害を持っている僕は、一つひとつの行為に自分の意志をはっきりと伝える必要があります。階段の上り下りも、「2階に行きたいので、肩を貸してくれませんか」と人に伝えない限り、2階に行くことができないのです。シンドイなあと思う半面、その姿勢が僕の生きる世界を広げてきました。そのことを初めて実感できたのは親元を離れて過ごした4年間の大学生活でした。

高校生までは家族に頼んでいましたが、一人暮らしだと家には誰もいません。頼める人はキャンパスの中にしかいませんでした。僕は同じ講義で隣に座った人などに「つめを切ってくれませんか?」と頼みました。断る人もいれば、快く爪を切ってくれる人もいました。千差万別です。「提出書類を代筆してくれませんか」と面倒なことも頼みました。それでも、気がつくと、頼みにできる人が周りにいました。障害は不便ですが、障害をもって生きることはまんざらでもないなあと実感しました。

このような自分の経験をもとに「自分の考えを堂々と言うことができる人は、それだけ自分の世界が広がっていくよ。かっこいいと思うよ」と生徒に話しています。「先生は自分のことをかっこいいと思うの?」と言う生徒に「ウン」とうなずいています。これは、自分の価値観の押し付けでしょうか。自分の教育方針が間違っているのでしょうか。ときどき、悩みます。

10　40周年記念式典――生徒と手作り最高の舞台

２００４年10月30日、秋田西中の創立40周年記念式典が本校体育館でありました。記念式典は３部構成で、その第３部で、メンバー全員が西中卒という音楽グループ「麗奈」のバンド演奏を聞きました。生徒・職員、保護者たちは手をたたいてリズムをとったり、いすの上に立ち上がったりして、会場全体が一体となり、演奏に酔いました。

さて、今年の文化祭（９月20日）に僕は、同僚のI先生と「自遊人」というユニットを結成し、オリジナルソング『風になれ』を歌いました。その後、生徒や地域の方の反響がありました。その中に「『風になれ』を創立40周年記念式典で記念ソングとして歌ってほしい」という声がありました。今度は「自遊人」の２人だけでなく、１年生の生徒13人でつくるグループ「愉快な仲間たち」といっしょに歌うことになりました。

式典の10日前、僕たちはいっしょに歌う１年生の生徒たちとミーティングをし、２人が『風になれ』に込めた思いを話しました。そして、１カ月ぶりに『風になれ』を歌いました。この時、僕は「君たちもメッセージの伝達者だよ。君たちが加わることで、この歌のメッセージをより大きなパワーで伝えていきたいと考えている」と話しました。

記念ソングの演奏は「麗奈」のバンド演奏の合間でした。僕たちは「麗奈」から記念ソングに移る場面で「愉快な仲間たち」の簡単な寸劇や『風になれ』を歌うときの演出を考えました。西中は「麗奈」と僕の母校だ、というのをコンセプトにして、僕が簡単なシナリオを考え、生徒たちと話し合いました。

13人の生徒の役割を決め、ほぼ毎日、放課後に練習し、生徒が下校した後は、僕とI先生と2人で記念ソングの演出について話し合い、歌の練習をしました。『風になれ』の1番は2人で歌い、2番目のサビから「愉快な仲間たち」も加わって歌うことにしました。2番目のサビは腰に手を当てたり、手拍子をしたり、生徒一人ひとりの自由な自己表現にしました。それぞれ違ったほうが全体的にまとまり、メッセージが伝わると考えたからです。

一緒に記念ソングの演出をつくり上げることを通して、13人の生徒と十分に語り合うことができました。今度は、全校生徒とコミュニケーションをとりたい……。演奏当日、僕ら2人は上下とも黒でそろえて、帽子をかぶって登場。会場からは拍手が起こりました。約700人の前で記念ソングを歌い始めると、すぐに手拍子が起こり、立ち上がる生徒もいました。「自遊人」と「愉快な仲間たち」は、最高のステージを楽しみました。

演奏を聴いた生徒たちからは「かっこよかったよ」「今度、クラスに歌いに来てよ」との声。『風になれ』の歌詞を口ずさむ生徒もいました。多くの生徒たちに、「自遊人」と「愉快な仲間たち」のメッセージは伝わったと信じています。

生徒たちが歌を聞いて少しでもポジティブになってくれたら。そんな期待を胸に歌をつくり、歌いました。その気持ちを新屋・浜田地区の地域の皆さん、同僚の先生方が受け止めてくれたからこそ、記念式典で演奏することができました。

「オリジナルソングをつくろう」と声をかけてくれたI先生には、心の底から感謝しています。

「ありがとう」。I先生と「今度は、生徒と一緒に歌って踊れる歌をつくろうか」と話し合っています。さて、どうなることやら……。

11　障害者講話──多様な生き方知る一助に

教師をしていると自分が実践する教育内容を発表する機会があります。また、「障害者講話」というかたちで自分の体験を先生方や生徒たちに話すこともあります。

２００５年2月9～10日、県総合教育センターで県教育研究発表会がありました。2日間AからJまでの会場に分かれ、約80人の県内の先生方が日頃の実践内容を一人30分の持ち時間で発表しました。

僕は前年夏にアメリカを訪れた「海外自主企画研修」の結果を報告。研修で違う生き方や価値観に触れ、研修後は総合的な学習の時間を利用して自らの生き方を見つめなおす福祉教育をしました。その実践内容を聞きに来てくれた15人の先生方にパワーポイントを使って話しました。

また、同僚の先生方が10月に開いた「海外研修報告会」でも研修について話す機会がありました。

12月9日には秋田西中で3年生の「1日福祉校外体験学習」がありました。その日1日、地域の福祉施設を訪問したり、高齢者の障害者疑似体験をしたり、5つのコースに分かれて学習しました。

このコースの一つ、「三戸先生の福祉講話」には、65人の生徒が集まりました。生徒一人ひとりの学習課題と知りたいことを事前に把握して、講話の内容を組み立てました。その主な内容は、アメリカ研修で学んだこと▽毎日の生活の不便な点▽これからの夢・生き方、などでした。講話は「いっしょに生きる～人は一人で生きられない～」と題して、途中10分の休憩と質疑応答を含めた約90分間、生徒はメモを取りながら聴きました。

この講話から約1週間後、生徒たちがどう変化したか教育効果を確かめるため、7項目の「バリアフリーに関するアンケート」をしました。その結果の一部を紹介します。

○「バリアフリー」という言葉を知っていましたか。▽「はい」97％　▽「いいえ」3％

○「バリアフリー」の言葉をどのように知りましたか。（9つの選択肢）▽新聞16％　▽テレビ・ラジオ52％　▽本12％　▽マンガ2％　▽友だち2％　▽両親3％　▽先生（授業）50％　▽インターネット3％　▽その他2％

○「バリアフリー」のイメージを色で表現すると何色ですか（上位3色とその理由）▽白色―バリアフリーは普段気づかないところにあるから　▽黄色―点字ブロックの色　▽オレンジ色―優しく温かいイメージがあるから

○講話を聞いて「バリアフリー」に関する考え方が変わりましたか　▽「はい」86％　▽「いいえ」14％

○秋田西中で誰もが生活しやすくするためにあなたができることは何ですか「みんなが仲良くして生活しやすくすれば良い」「困っている人がいたら自分から声をかける」「整頓する」……。

講話後の生徒の感想文とアンケート結果から、「障害者講話」を多くの生徒が望んでいることが分かりました。生徒たちが違う見方や価値観に触れて、障害者の苦労や悩みを聞くことで、この世の中に自分とは違う多様な人間が生きていることを知り、幅広い人間形成の一助になると考えています。障害者講話は決して福祉や障害者理解の側面だけでないことが分かりました。

冒頭の教育研究発表会では、各学校で「障害者講話」をどのように位置づけていくのかが今後の課題であることを話した結果、聴いていた先生方の賛同を得ることができました。

12 年度末に思うこと――社会変える力生徒に期待

まもなく、今年度が終わります。新年度の新しい出会いに期待と希望を抱きながら、今年度を振り返っています。「1年間、かかわった生徒に僕が伝えたいことを伝えられたのだろうか」と内省しています。

「初心忘るべからず」という言葉があります。「物事を始めたときの真剣な気持ちをいつまでも持ち続けること」という教えです。現在、教師生活4年。来月から5年目です。教師生活に惰性が生まれていないのかと自分を見つめ直す言葉と思っています。

教師を目指していた頃の文章を読み返しました。

「学校は社会の縮図であり、いろいろな人間がいてもよい。障害者の僕が中学生とかかわることで、自然な形で共に生きる力が身に付き、生徒一人ひとりの人権感覚を豊かにしていきたい」

これは僕が教師を目指した動機でもあります。

僕と生徒、生徒と生徒の学校生活の積み重ねが「共に生きる力」や「豊かな人権感覚」を育んでいくと信じています。

今年度の学校生活で、二つの場面が特に印象に残っています。一つは、1年生の数学の授業でした。学習内容は「比例のグラフ」。比例のグラフは、原点を通る直線になります。一般の数学教師なら定規でキレイな直線を引いて「これが比例のグラフです」と説明すると思います。

僕は定規で直線を引くことが難しいので、「フリーハンドで直線を引きます」と言い、線を引きました。そのとき、1人の生徒が「結構、うまいじゃん」と言いました。思わず「ありがとう」と言うと、教室に笑いが起こりました。

もう一つは3階から2階の体育館まで室内用の電動車いすを運んでくれた2人の1年生男子生徒のことです。体育館での整列指導や立ち上がりにサポートが必要なため、体育館でも電動車いすを使っています。

室内用の電動車いすは約16キロの重さがあります。体育館で集会があるたびに、2人の生徒が階段を持ち上げて運んでくれました。バッテリーを取り、車いすを折り畳み、2階へ運びます。そして、今度は僕に肩をかして、2階へ行きます。

僕のサポートのため、2人は集会に遅れることになります。あるとき、「恥ずかしくない？」と聞くと、「そんなの全然だよ。慣れました」と言いました。

2人の男子生徒の行為が僕の教師生活を支えていました。他の先生方は体育館の整列指導をするので、ほとんどこの2人がサポートしてくれました。自ら進んでサポートしてくれた生徒です。

今年度の一番の思い出は、同僚のI先生と一緒に創立40周年記念ソング『風になれ』を作り、歌ったことです。3月9日、生徒会主催の「3年生を送る会」でも歌いました。1年前には、オリジナルソングを作り、ステージで歌っている姿なんて想像もしていませんでした。「生きることは面白い」と実感しています。文化祭、40周年記念式典、送る会と3回もステージで歌うと、歌うことになれました。

僕が人前で歌うことの教育効果は、「言語に障害があっても、歌うことが好きなんだ」ということを伝えられることです。ときどき、初対面の人は僕をカラオケに誘うことをためらいます。言語障害がある僕を誘うことは失礼と思っているらしいのです。僕の歌を聞いた生徒は、きっと人を外見で判断しないだろうと信じています。

今年度の最後の授業で、「君たちは僕の教え子」というメッセージを伝えました。「まだまだ、障害者が本当に教師できるの？　数学を教えることができるの？　健常者の教員のほうがいいのでは……という声があります。障害者というイメージだけで僕を捉えていることが悔しい。君たちは、僕の授業を受けて率直な感想……この社会を変えていく大きな力になってほしい」と語りました。僕にとって、君たち一人ひとりはかけがえのない存在だと伝えたかったのです。

13　新年度を迎えて――恩返しの心膨らむ2年目

今年度も、母校の秋田西中で勤務することになりました。昨年の今頃は、初めての転勤で、机やロッカーの荷物をまとめたり、同僚にあいさつをしたりしていました。そして、何よりも新しいアパート探しと引っ越しがありました。昨年に比べたら、精神的な余裕のある春休みです。

「生徒が休みのとき、先生方も休みなのでしょ」と、ときどき聞かれます。生徒が春休み中でも、教師は通常勤務です。僕は04年度の事務処理と新年度への準備をしていました。

ほとんどの事務処理はＩＴ化が進み、パソコンでできます。同僚の先生は「これからは、ますます学校の事務のＩＴ化が進むことだろうから、三戸先生の活躍の幅が広がっていくと思いますよ」と言っています。

例えば、04年度の数学の授業で、少人数学習指導を何時間実践したのか時間数を求めるのに、表計算ソフトの関数を使用すると、すぐに計算してくれます。パソコンは自分ができる仕事の幅と可能性を広げてくれるので、パソコン雑誌を読んでいます。

新年度の準備に、机の中の書類を整理しました。整理をすることで、気分が一新します。必要な書類とそうでない書類に分けて、不要な書類はシュレッダーにかけます。毎年、年度末にはシュレッダーがフル稼働します。粉々に砕かれた紙くずがゴミ袋で何袋にもなります。必要な書類は、ファイルにまとめてとじました。これらは手作業を伴うので、僕は他の先生方と比べて時間がかかります。

また、パソコンで作成した書類は、専用フォルダを作り、まとめました。そのフォルダの中に、さらに「数学」「各行事」「総合的な学習の時間」などのフォルダを作り、パソコン内も整理・整頓しました。

最近、厳しい寒さから春らしい天気になってきました。心地よい春の日差しに、心が躍ります。学区内を電動車いすで散歩しました。気の向くままに、車いすのハンドルを動かしました。昔なじみの風景の中には、幼い頃に友だちと遊んだ思い出がぎっしりと詰まっています。

一方、新屋地区は新興住宅地であり、子どもの頃は空き地だったところに新しい家々が立ち並んでいました。目の前には、変わりゆく新屋地域が広がっていました。一人で感傷的になり、電動車いすを走らせていると、「センセイ!」と声を掛けられました。

声を掛けてくれたことにうれしくなり、少し立ち話をしました。お互いの信頼関係を築くことにつながったと思います。

今年度、母校での教師生活は2年目。僕を育ててくれた地域に、生徒を通して恩返しをしていきたい気持ちが改めて膨らみました。

14 合唱祭──結果よりも力を出し切ろう

今、学校内のあちこちから生徒たちの歌声が響いてきます。合唱祭に向けて、クラスごとに練習しているのです。職員室まで聞こえてくる歌声は、僕の仕事をはかどらせてくれます。

合唱祭は、各クラスで話し合い、歌いたい曲を選曲します。クラス対抗で「最優秀賞」「優秀賞」「優良賞」などの賞を目指し、競い合います。ただし、賞を取ることが教育目的でなく、クラスが合唱曲を歌い上げることで、団結を深める行事です。

合唱祭にまつわる思い出があります。中学3年生のとき、クラスで『怪獣のバラード』という曲を歌いました。本番に向けて、毎日毎日繰り返し練習しました。クラスの仲間は、なかなか音程をとることができない僕に、キーボードを使って、音程の取り方を教えてくれたり、いっしょに歌ってくれたりしました。

練習を重ねるうちに、「クラスで力を合わせ、すばらしいハーモニーを奏でたい」と思うようになりました。

合唱祭が近づくと、不思議とクラスがまとまっていくのを感じました。言語障害のある僕を、周囲の友人が受け入れてくれました。練習中、みんなの前で歌っても笑う人はおらず、歌い終わったら拍手してくれました。

クラスの仲間は、大きな声で歌っていた僕に「ガクちゃんは声が出ているね」。僕はだんだん歌うことが好きになっていきました。本番も、ステージ上で口を大きく開けて、歌いました。クラスの団結で、結果は最優秀賞。教師になった今、歌声が聞こえてくると、あのときのことが思い出され、胸が熱くなります。

合唱は、生徒一人ひとりの気持ちが歌声を通して、聴衆の心に届きます。生徒のひたむきさに感動し、クラス全体がまとまったときのパワーに圧倒されます。歌い終わった後の達成感に満ちた表情、審査結果に一喜一憂している姿にエネルギーを感じます。

生徒たちには「どんな場面でも、自分の力を出し切ろう」と言っています。自分のもてる力を出している生徒たちの姿にすがすがしさを感じ、合唱とともに印象に残ります。合唱が聞こえてくると、5年間の教師生活の中で出会った生徒たちを思い出します。

歌声の響く校内を歩いていると、僕が学級担任になったとき、どのような指導をしようかなと考えます。音程のとり方などの技術指導も大切ですが、一番大切なことは歌う時の心だと思います。審査結果よりも、合唱祭で力を出し切れたかどうかが大切。生徒には、そう語っていきたい。

どんな時も精いっぱいの力で生きていくことが、僕の生き方。生徒たちの精いっぱいさが伝わってきたら、100点満点をつけたい。

今年の合唱祭を楽しみにしつつ、生徒たちに静かなエールを送っています。

15　福祉コーナー――感性生かし、人気の疑似体験

ある年の文化祭で、生徒とともに「福祉コーナー」を立ち上げました。「一般参加者が車いすやアイマスク体験、高齢者疑似体験などの活動をする場にしたい」。文化祭の企画などが決まる6月、担当の先生に企画の説明をしました。

2年前、前任の土崎中の文化祭で、福祉コーナーをやりました。今回、生徒と一緒に企画を実施することで、前回のバージョンアップを狙いました。

提案から数日後、承諾が得られました。「三戸先生らしい企画ですね。がんばって」と同僚の先生。この企画が生徒へのより良い教育につながるかどうか。この視点を一番大切に心がけ、提案しました。

「生徒は、各学年と男女比が均等になるように」と同僚の先生方に頼みました。夏休み明けから、福祉コーナーを担当する15人の生徒と対面しました。「車いすやアイマスク、高齢者の疑似体験のサポートをするのだよ」と内容を説明しました。今回初めての企画でもあり、生徒も具体的なイメージを描くことが難しい様子。

初めに、企画の名称を考えました。生徒の感性で命名してほしいと願い、話し合いの結果、

「Let's 福祉～体験！　バリアフリールーム～】に決まりました。体験内容は生徒と考えました。車いす体験は、マットと踏み切り板を使って坂を作り、アイマスク体験は手で触ってシャンプーとリンスを識別してもらいました。高齢者の疑似体験では、道具をつけたまま、お茶を飲んでもらったり、封筒を切ってもらったりしました。

準備はＮＰＯ法人「秋田バリアフリーネットワーク」で活動する知人らの協力を得ました。秋田公立美術工芸短期大学の大学開放センター「アトリエもちさだ」で、車いすの使い方や高齢者の疑似体験をするための方法、留意点を学習。僕はその様子を撮影し、生徒が写真を使って模造紙にまとめ、会場に展示しました。

「あまり人が来なかったら、どうしよう」

本番が近づくにつれ、僕は不安にかられました。たくさんの人が体験することで、生徒に満足感や達成感をもってもらえると考えていたからです。当日、秋田バリアフリーネットワークのメンバーの２人が社会教育活動の一環として来場し、生徒の活動を見守ってくれました。午前10時を過ぎ、少しずつ人が集まり始めました。体験者にゼッケンを付けてもらいましたが、それが足りなくなるほどの人気でした。90分間の活動で、受付人数で38人。ある生徒は「こんなに来るとは思わなかった」。

一方、文化祭を通じて地域のいろいろな機関とかかわりました。例えば、準備期間中にこんなことがありました。ある生徒が「たくさんの人に来てもらうために、着ぐるみを着て呼びかけてみては」と発案。早速、近くのルーテル愛児幼稚園に問い合わせ、ウサギやパンダの着ぐるみを貸してもらいました。また、同僚の先生と秋田市社会福祉協議会に疑似体験をするための車いすなどの道具を借りに行きました。

「楽しかった」。文化祭終了後の後片付けの時、生徒たちが笑顔で言ってくれました。僕にとって、何事にも代え難い一言を聞くことができました。

16　委員会活動――経験重ね生徒たくましく

評議委員会、学習委員会、生活委員会……。秋田西中には、生徒会活動の一環で9つの委員会があります。委員の任期は半年間。4月と10月、各クラスから選びます。基本的に定員は男女1人ずつ。学校生活をより良いものにするため、生徒が自主的に活動します。

教師は各委員会を受け持ちます。今年度、僕は報道委員会の担当。活動の中心は、朝と昼、校内に流れる放送です。昼の放送は、その時間を楽しいひとときにするため、12月はクリスマスソング特集、2、3月は卒業生が合唱祭で歌った曲を流しました。部活動の主将による活動内容の紹介もありました。

報道委員は、放送室で給食を食べながら放送します。4時間目が終わると、担当曜日の生徒は真っ先に放送室にやってきます。原稿を書き、誰がどの部分のアナウンスを担当するのかを決め、本番が近づくと、自分の担当部分を繰り返し読みます。「少しでも聞きやすい放送を」と真剣そのものです。

生徒たちは、納得のゆくアナウンスができたとき、安堵した表情を浮かべます。「聞きやすかった?」放送後、さっそく友人に感想を求める生徒も。中には「声が小さくて、聞き取りにくいところもあったよ」。友達からは、こんな率直なアドバイスもあります。放送中に言葉がつっかえてしまったとき、僕は「誰にでも失敗はあるよ」と声をかけます。結果より、そこに至る過程が大切だと思うから。

今年度の報道委員会は、こんなことにも取り組みました。「1年生全員が1年間を振り返るため、何かやってみよう」。2月、僕は1年生の報道委員にそうよびかけました。

相談の末に出てきた計画は、劇とクイズ。毎週金曜日の学年集会で、入学式、自然体験学習、文化祭、合唱祭を順番に取り上げ、今年度を振り返る内容。クイズはすぐにできましたが、4本の劇を作るのが一苦労でした。

「笑いを取ろう」「ギャグを考えよう」――。お笑いブームの影響か、生徒たちのやりとりは少々脱線ぎみ。「笑いも大切だけど、劇を通して何を伝えたいのか。その視点が大切だよ」。僕はアドバイスしました。

「入学式」は、四季の様子を再現した劇。どんな作品になるのか心配していましたが、生徒たちは単調な劇をお笑いコンビのネタを取り込むことでリズミカルな作品に仕上げました。僕には思いもつかない発想。僕も、無意識のうちに身体を動かしていました。

生徒たちの感想は、「劇をやる前は、とても緊張していたけど、やってみると恥ずかしくなくなった」「次の劇で完成度を上げよう」。経験を重ねることで、自信に変えていく生徒の姿、たくましらさすら感じました。

委員会の活動は、生徒の成長を促します。学校現場は、至るところでそんな成長を感じる場面に出会えます。次は、どの委員会を担当できるのか。今から、とても楽しみです。

17 「進級」について——2年生の担当に期待と緊張

4月。秋田西中の近くにある桜並木が、鮮やかなピンクに染まり始めました。春は教師にとっても出会いの季節。だから、僕はいつも以上に身だしなみに気を配ります。

友人に僕の第一印象を聞くと「変なヤツ」と答えます。「電動車いすは、目立つ」と言われたこともあります。第一印象で目立つと、なかなか近寄り難いようです。これまでずっと1年生担当でしたから、新入生との出会いを前に毎年緊張していました。

それが今年度、初めて2年生担当に「進級」できました。期待と緊張が入り交じっています。生徒は1年から2年になると、身体的にも精神的にも大きく成長し、全く違って見えます。

6日は始業式でした。午後、生徒と翌日の入学式の準備をしました。玄関と受付に、「祝入学」などの文字を飾り付けました。準備の様子から、後輩を迎える気持ちが伝わってきました。教師になって、入学式は6回目。でも、1年生の頃から知っている生徒と準備するのは初体験。「新入生のために丁寧に準備しよう」。生徒への何気ない言葉も新鮮でした。

「進級」して、うれしいこともあります。担当する2年生の教室が1階にあることです。背中に羽がついたような開放感とは、このこと。伸び伸びと過ごしています。昨年度までは、2、3階の教室でした。同僚に「すみません。階段昇降機の操作をお願いします」といつも頼んでいました。行きたいときに、教室に出向ける。「自由」を実感しています。配慮していただいた校長先生に感謝しています。「このプリントを教室に持っていって」と頼まれることも増えました。「1階の教室になって良かったね。気軽に僕たちに会いに来られるね」。生徒たちも喜んでくれました。

楽しみもあります。12月の修学旅行です。東京で3泊4日を過ごします。修学旅行の引率は、教師としての僕の夢でした。それが実現します。生徒といっしょに過ごす東京は、どんな感じになるだろうか。わくわくします。

僕は電動車いすを利用しています。東京を移動する自分を通して、生徒に何かを感じとってほしいと思います。引率するうえでの課題もあります。一つひとつ乗り越えていくことで、障害のある教員が、普通に働ける教育現場をつくることにつながると信じています。

進級で、初めて経験することも多くなるでしょう。この機会に、自分を見つめ直して、不器用でも自分ができることを最大限に発揮したい。そんな姿を、生徒たちに見てもらいたいと思っています。

18　修学旅行、初の引率——多くの人の支えで乗り切る

２００７年の12月、僕にとって中学校では２度目となる修学旅行にでかけました。１度目は自分自身の旅行、今回は教師としての初めての引率でした。

日程は12日〜15日の３泊４日。行先は東京でした。２年生を引率し、秋田新幹線「こまち」で東京へ。学級別に月島や浅草などを見学したり、東京ディズニーランドや夜景を楽しんだり……。劇団四季の観劇などもあり、あっという間の４日間でした。

修学旅行も様変わりしました。僕の中学時代、行く先は北海道でしたが、団体行動が中心でした。宿泊も旅館。布団を並べ、みんなで寝た記憶がありますが、今はホテル。生徒３人〜４人が一つの個室に泊まりました。

特に準備に力を入れたのが２日目の「テーマ別体験学習」でした。旅客機の客室乗務員や機体整備、雷おこしの製造体験など８コースから、生徒が好きなコースを選び、体験を通して自らの生き方を学習します。

体験させる職場は教員がアイデアを出し合い、開拓します。僕は出版社の「小学館」を担当しました。４年前、僕の半生を記した『がんばれ！『ガクちゃん』先生』（関原美和子著）の出版元です。

ツテをたどって昨年7月下旬、知り合いの編集者に事情を明かすと、前向きな返事。下見の際に他の先生方と小学館を訪問し、打ち合わせをしました。

生徒の反応は上々でした。30人の生徒が小学館を希望。「小学館への質問」「小学館で学びたいことや見学したい場所」などを事前に送り、それに沿って2人の編集者と一緒に体験学習の内容を考えました。「少年サンデー」の編集部では、編集作業や工夫している点などの説明を受けました。教育雑誌の編集部ではカードゲーム「甲虫王者ムシキング」の生イラストを見せられ、生徒も僕も思わず歓声。僕を取り上げた本を担当した編集者は、出版の経緯を話しながら、「人は、人とのつながりで生きています。人とのつながりを大切にしていけば、世界が広がっていきますよ」。生徒たちは目を輝かせながら聞いていました。

旅行は、たくさんの思い出とともに無事終わりました。でも旅行前、障害を抱えた僕は不安でした。電動車いすを使って、何度も上京したことがあり、「困ったときは助けを求めればよい」と考えていましたが、今回は生徒の引率。一人旅とは勝手が違います。バスのトランクに車いすが詰められるよう、折りたためるものを使いました。「旅行中、生徒が困ったときに自分はどのような支援ができるだろうか」「移動が困難なハンディをどう補ったらよいか」……。そんなことばかり考えていました。それも取り越し苦労でした。今回も同僚にバスの乗り降りを助けてもらうなど、多くの人の支えで乗り切れました。

ある生徒の言葉が印象に残りました。「三戸先生は、電車に乗るときや階段の昇降、エレベーターの利用の時、みんなと離れ離れになるね。寂しくないですか」。僕の様子を観察していたようです。いっしょに行動することで、障害者の気持ちを分かってもらえたのか、と感動しました。

「おかえりなさい」。旅行が無事終わり、帰宅して聞いた母の一言。緊張が緩んだのか、疲れがどっと出ました。

6 自然災害への対応

1　地震――生徒の会話に「思いやる心」

僕が小学校1年生だった20年前のこと。給食の時、大きな揺れが起きました。急いで机の下に潜りましたが、おかずが散らかりました。揺れが収まり、障害のある僕は担任の先生におぶってもらい外に避難。亀裂が入ったグラウンドを今でも鮮明に覚えています。

それから20年後の同じ5月26日。僕は職員室で授業に使うプリントを作っていました。「揺れている？」先生の声で、「地震だ」と感じました。教師になって、初めての地震でした。

夕方6時だったので部活動の生徒しか残っていませんでしたが、職員室にいた先生たちが対応しました。今の僕の課題は、地震のような場面でも周りの先生の動きを見ながら自分ができることを見つけること。「地震がもし授業中に起こったら」と考えました。

「1階の教室だったらいいけど、2、3階となると……」教師を目指したいと言ったとき、「君はどのようにして、生徒の安全を守るのか」と緊急時の対応を問われました。「そんなこと言われても」と返答に困りましたが、心の中では「自分のことで精いっぱいだよ。僕の安全はどうしてくれるの？」と思いました。「速やかに避難するように」と指示することはできると思います。

でも、上の階にいたら、僕は飛び下りるわけにはいきません。階段ではだれかのサポートが必要です。いろいろと考えたけれど、「そのときになれば、何とかなるよな」と楽観的な結論に至りました。僕だけの問題でなく、生徒も含めた学校全体としてみんなと考えていきたいことの一つです。

次の日、生徒たちに「昨日の地震のとき、何をしていたの？」と聞いてみました。「先生は？」と尋ねてくれる生徒たちもいました。「職員室にいてプリントを作っていたよ」と答えると、「1階にいてよかったじゃん。2階、3階だと、おれたちがいないと逃げられないじゃん」。「助けてくれる？」と続けると、「そんなの当たり前だよ。だって、先生1人で逃げられないでしょ」と言ってくれ、いっしょに笑っていました。

何気ない会話にも生徒が僕を気にとめてくれていることを感じます。

2 地震、その時僕は……――生徒の安全を意識して授業

２００5年に、1年生のあるクラスで、阪神・淡路大震災のことを話しました。10年前の1月17日、僕は大学進学を目指す高校3年生でした。午前5時頃に目覚めました。15、16日の両日に大学入試センター試験を受け、16日分の試験解答が掲載された朝刊を心待ちにしていました。その朝刊を見て、センター試験の自己採点をしたのを覚えています。

その日以来、連日マスメディアが被災地の様子や、全国から支援の輪が被災地に集う様子を伝えました。そのとき、僕は志望校の山形大学教育学部合格に向けて、受験勉強をしていました。同世代の人たちが被災地に駆けつける姿に刺激を受け、何もしない自分が小さな人間に感じました。僕は阪神・淡路大震災から、人と人とが助け合う素晴らしさを学びました。

２００4年、新潟中越地震やスマトラ沖地震が起きました。自然災害に対して、僕は特別な危機意識があります。「授業中に、地震や火事などの自然災害が起こったら、どのような対応ができるのだろうか」と常に考えています。

教師は学校にいる生徒の命を守ることが責務です。障害者教員の僕も生徒の命を守る責任があります。僕の災害時のハンディキャップは、10㎝以上の段差を一人で越えることができないことです。

平面上の移動は可能ですが、階段を下りて移動することは一人では不可能です。視覚・聴覚機能には障害はありません。災害が起こった場合、視覚と聴覚で把握して、生徒を落ち着かせ、避難経路を的確に指示することはできます。

僕の災害時の対応は〝どこで授業をしているのか〟で変わってきます。

1階の教室は平面移動なので、生徒全員を無事に避難させる自信があります。2、3階の教室で授業している場合、避難経路に沿って階段までは生徒を誘導できます。そこから、生徒に「無言で速やかに階段を下り、指示した避難経路に沿って避難しなさい。グラウンドに着いたら、先生方に『三戸先生はここにいる』と伝えなさい」と指示をします。この階段を使うすべての生徒の安全を確認して、別の先生が僕の助けに来ることを待ちます。

「先生、いっしょに降りよう」と言う生徒もいると思います。いっしょに下りる生徒が危なくなるので、「必ず、他の先生と避難するから」と生徒を安心させたうえで僕は断るつもりです。

今年度、主な授業が3階の教室であるため、いつもこのような覚悟で授業し、同僚の先生方と同じように教師としての責任を果たそうとしています。災害時にどう行動するか、常に生徒の命を最優先にして、状況に応じて判断することが最重要と考えています。

文科省が設置した「学校施設のバリアフリー化等に関する調査研究協力者会議」は2004年3月、調査研究報告書をまとめました。この報告書には「障害のある児童生徒らが安全かつ円滑に学校生活を送ることができるように配慮」「安全で移動しやすい避難経路の確保」「災害時の応急避難場所となることを考慮」などと項目があります。また、報告書には「バリアフリー化された学校施設は障害者に対する理解を深める学習効果が期待できる…」なども書いています。この報告書はインターネットで読むことができます（現在令和２［２０２１］年版）。

ここで考えると、現在の秋田西中で一番の移動弱者は、僕です。すると、僕が責任を持って生徒を避難場所に誘導することができるようにすることこそ、この報告書の具現化につながるのでないだろうか。このように思う僕は、自分勝手なのだろうか。実際、ほとんどの公共施設にエレベーターが設置されています。

学校は未来を語る場所であり、次世代を担う人間を育てる場所です。学校施設のバリアフリー化が遅れています。

3 続・地震、その時僕は……——迅速な対応へ携帯は必需品

前回、地震発生時の対応や危機管理意識を書きました。地震などが起こった場合、生徒を階段まで誘導し、生徒に避難経路を指示して、階段を下りてもらいます。生徒の安全を確認できたら、他の先生の助けを待つ、と書きました。

今年度、主に3階の教室で授業しています。改めて、自然災害などの緊急時の対応について、考えてみました。

前回の原稿を書いた後、よく考えると僕一人でも階段を下りることができることに気づきました。それは、はって下りることです。実際に、3階から1階まではって下りてみました。3階の階段の手前で廊下に座り、両手を使い、一段ずつお尻をずって下りました。両腕の腕力が必要と感じました。時間は約3分かかりました。しかし、緊急時の一刻を争うときに数段でも自力で下りることができれば、それだけ助かる確率も高くなると思いました。

ただし、生徒の避難時に僕がはって階段を下りると、階段のスペースが狭くなり、生徒の避難の妨げになります。すべての生徒が階段を下りてから僕が下り始め、階段を下りながら他の先生が助けに来ることを待とうと考え直しました。

階段をはって下りることは、手すりに身体を預けながら一歩一歩足を下ろしていくのと違い、転倒する危険性はありません。

次に放課後について書きます。今年度、卓球部の部長を務めているので、放課後は卓球部の練習を見守っている日が多いです。秋田西中の体育館は2階にあるため、僕は携帯電話を持ち歩いています。男子と女子部の両監督の先生が不在のときは、僕が卓球部の生徒を監督しています。何か不測の事態が起こった場合は、すぐに携帯電話で職員室に電話をかけ、体育館の状況や生徒の様子、僕が体育館にいることを伝え、指示を仰ぎます。部員の命を守るために迅速な対応ができるようにしています。

放課後は授業時と比べて、教師は決まった場所にいるとは限りません。授業中なら時間割りから「今、○年△組の教室にいる」と居場所をすぐにつかめますが、放課後はそれが難しくなります。携帯電話を持ち歩けば、現在の僕の居場所や生徒の様子などを伝えられます。移動に障害のある僕がその場にいながら、危機管理上の最低限の情報を伝えることができるので、携帯電話は必需品です。

また、不審者対応も同様です。報道される学校への不審者侵入事件で、不審者は1階から侵入しています。今年度、1階の教室で授業することは少ないのですが、1階の教室で授業するときも、必ず背広のポケットに携帯電話を入れています。窓や廊下を見て、不審な人がいたら、すぐに職員室に電話をかけるようにしています。今まで一度もありませんが……。

前回の記事を読んで、「自然災害や不審者への対応は、教師一人ひとりの危機管理意識の向上も大切だけど、学校全体の取り組みが大切だ」と同僚の先生が感想を聞かせてくれました。「僕（障害者）が働きやすい職場環境は、他の先生方にとっても働きやすい職場になり、すべての生徒が生活しやすい学校になる」という昨夏のアメリカ研修で学んだことが学校の共通認識になり、僕がより働きやすい職場に改善されることを願っています。

例えば、僕が希望することは、僕が授業する教室を1階にすること。さらに、僕が授業する教室を固定し、僕が同じ教室で授業ができるようになることです。こうすれば、緊急時の対応策を少なくできます。

僕ができることとして、とりあえず今、2、3階で授業しているときに、僕自身が安全に避難できる「障害者専用避難グッズ」などがあるかどうかを探しています。このような心がけが大切なような気がします。「備えあれば憂いなし」です。

4　避難訓練――緊急時への対応に大きな自信

5月下旬、今年度初めての避難訓練がありました。緊急時に一番大切なことは生徒の命を守ることと、教職員の命を守ることです。学校にいるすべての人の命を守ることが緊急時の対応と考えています。

中学校は教科担任制で、緊急時は、教室で授業をしている教科担任が、責任を持ってそのクラスの生徒の命を守ることになります。

1週間の総授業数を30時間（1日6時間×5日間）とすると、僕は2階（1年生）の教室では12時間、3階（2年生）の教室では6時間、1階（3年生）の教室では1時間の授業をしています。僕は1年部所属なので、授業のほかに総合的な学習の時間などを含めると、週の授業数の半分は2階で授業をしています。

今年度の避難訓練は、学級活動の時間に実施しました。学級活動は学級担任が指導するので、訓練も学級担任が生徒を避難させます。学級担任でない僕は学級活動の時間は職員室にいることになっていました。

職員室は1階にあります。平面上の移動が可能な僕は、1階なら自力で避難経路から避難できます。しかし、今年度は2階にいる確率が高いので、2階から避難したほうがよりリアルな避難訓練になるのでは、と先生方に提案をしました。

僕が2階の教室にいた場合、生徒を避難経路に沿って避難させることはできます。しかし、僕は一人では階段を下りられません。生徒の命を守ることができても、自分の命を守ることができません。そこで、先生方と話し合い、2人の男性教師に『三戸先生救助係』を担ってもらうことになりました。

いざ、避難訓練。僕は2階のある教室にいました。訓練の前に生徒たちに「僕は僕を救助する先生と一緒に避難します。必ず、みなさんが待っているグラウンドへ行きますので、心配しないでください」と話し、生徒の不安を和らげました。

しばらくして、地震発生を知らせる避難警報が校内に鳴り、「揺れがおさまったので避難を開始してください」という放送で、一斉に避難を開始しました。

僕が廊下に出たとき、救助係の先生が僕を見つけてくれました。2階の全生徒が階段を下りた後、その先生の肩を借りて、急いで階段を下りました。昨年度、1階の避難経路はノンステップにしたので、1階に降りた後は自分で避難できました。グラウンドへ行くと、ちょうど最後のクラスがグラウンドへ避難してきたところでした。

全校生徒が避難するまで約4分。僕は教師として緊急時への対応ができると、大きな自信を持ちました。後で救助係の先生に聞くと僕を探すのに手間取ったようでした。今回は、僕が2階のどこの教室にいるのか分からない想定でしたが、通常の授業中の場合、時間割りを見れば僕がどこのクラスで授業をしているのかは分かります。

緊急時のとき、僕（障害者教員）の対応を考えることは、このように実際の現場で積み重ねていくことが大切です。

普段、携帯電話を首にぶら下げて校内を歩くときがあります。前後の教室が空き教室のときなど、緊急時に応援してくれる先生が少なくて不安を感じる場合などに持ち歩いています。そんな場合、生徒は携帯に興味があるようで寄ってきます。生徒に「これが僕の命綱だよ…」と説明すると、ほほ笑んでくれます。何となく安心します。

7　地域で生きる

1　夏祭り――輝く盛り上げ役の生徒たち

2003年7月20日、21日に秋田市の土崎神明社の例祭「土崎港曳山祭り」がありました。軽快な囃子に合わせて、そろいの浴衣や法衣を身にまとった曳き子が「ジョヤサー」という威勢のいい掛け声とともに、山車を引き回して各町内を練り歩く夏祭りです。20日は中学校の巡回で、21日は友だちとたくさんの出店が建ち並ぶ本町通りへ出かけました。

土崎中に赴任して以来、「港囃子保存部」を担当しています。「港囃子？」と最初はピンとこなかったのですが、今では生徒以上に熱が入っているかもしれません。学区内に引っ越して2年。祭りが近づくと、帰宅時や買い物するとき、「寄せ太鼓」や「湊ばやし」「あいや節」「湊剣ばやし」など、生徒たちが部活動でも何度も聞かせてくれた太鼓や笛の音色、掛け声がどこからともなく聞こえてきます。

祭りでは途中、山車を止めて各町内の踊りが披露されます。きれいにそろっている踊りを見て、「何度も練習したのだなあ」と感じました。人間関係が稀薄といわれる中、踊りの練習をしたり、山車を作ったりなどして、人と人とが結びついていく土崎に、〝港衆〟としての誇りを感じます。世代を超えて祭りを楽しみ、伝承していく、この土地で育つ生徒はうらやましいものです。

両日とも多くの人が繰り出し、熱気で溢れていました。本町通りで僕は「ブ～ン」と電動車いすを走らせていました。「先生、これ、電動車いすと言うんでしょ」と尋ねる生徒。「乗ってみたい」「何かおごってよ」などと、たくさんの生徒に会いました。祭りを盛り上げている生徒たちがちょっぴりまぶしく見えました。地域に住む一人として、「来年こそ祭りに参加したいなあ」と思いました。

祭りの次の日が1学期の終業式で、翌23日から夏休みに入りました。

1学期最後の授業。夏休みについて「今、できている問題が夏休み明けにできなくなっていることのないように」「さぼったぶんだけ、2学期の学習が分からなくなる」と話しました。

僕としてはこの夏休み、日ごろ教師として経験できないような体験や、授業の教材研究・研鑽に明け暮れ、一回り大きくなった姿を生徒に見せることができたら、と思っています。

2　引っ越し――学区内に住み地域と交流

秋田西中へ転勤が決まったとき、今回も「学区内に住みたい」と思いました。その理由は2つあります。一つは、秋田西中は前任校の土崎中とは南と北の位置関係で、とても引っ越さずに電動車いすで通勤することは困難であること。もう一つは、何よりも前任校で学区内に住んだ経験からでした。

前任校にいたころ、近くのスーパーに行くと、店員や生徒の保護者から「先生、今日は何を食べるのですか」と聞かれました。電動車いすで通りにくい場所があると、周りの品物を寄せて通りやすくしてくれました。また、ＪＲの駅で、職員に抱えられて階段を上り下りしていると、「ここは、バリアフリーでないものね」と気軽に声をかけてくれました。そして、何よりも生徒が道端で会うと「先生」と気軽に声をかけてくれました。生活空間を一緒にすることで、生徒・保護者・地域の方々と気軽に接することができました。地域理解・生徒理解につながりました。

近くに母が住んでいますが、今回は、母は「あなたの好きにしなさい」と一言。早速、僕はアパート探しを始めました。3年前、前任校の学区内でアパートを探したことを思い出しました。何件か不動産を回りましたが、なかなか物件を紹介してくれませんでした。

僕の条件は①1階の部屋で、部屋に段差がないこと②浴槽の高さが50㎝未満③電動車いすを置くスペースがあること④部屋は二部屋、家賃は6万円前後。この条件を言うと、不動産屋の方はだんだんと顔を曇らせていました。「どうして、一人暮らしをするの？」「母さんと一緒に生活しないの」「火事が起こったら、どうするの」障害者は危ない――。たぶんこんなイメージで障害者をとらえていたのでしょう。アパート探しは、結構大変で、精神的にへこみました。

今回は前回の経験を活かして、知人の紹介の不動産屋に頼みました。担当者は親身になって、僕の新居を探してくれました。不動産屋の段階で断られていた前回は、なかなか大家さんと話し合うまでいきませんでしたが、今回はすんなりでした。玄関や風呂に手すりを付けるなど、僕が住みやすいようにリフォームして良いとのこと。

引っ越しは、小学校からの友だちが手伝ってくれました。やはり「持つべきものは友」でした。

3　祭りの夜――巡回で子どもの頃を思い出す

２００４年５月26日は秋田市新屋で日吉神社山王祭りがあり、その当日と前日、新屋表町通りに、たくさんの出店が立ち並び、にぎわいました。25日は朝から雨交じりの天気で、夜には晴れ上がりましたが、少し肌寒いお祭りとなりました。

この日の夜、秋田西中の男性の先生方と巡回のため、学校から、電動車いすで表町通りに行きました。電動車いすはバッテリーで動きます。バッテリーが満タンなら走行時間は約８時間。巡回途中で、バッテリーが切れないように、しっかりと充電していきました。表町通りに行くと、出店の明かりが煌々と輝いていました。その中を先生方と一緒に歩きました。僕もこの祭りで育った一人。歩きながら、子どもの頃の思い出がほうふつとしてきました。

生徒が僕を見つけて、声をかけてくれました。１年生は僕に駆け寄り、「バナナチョコを食べたよ」「型取りをしたよ」と話してくれたり「センセイも一緒に、見て回ろう」と誘ってくれたりしました。「電動車いすを押して歩きたい」と電動から手動に切り替えようとする生徒もいました。

このような光景を見た地域の方が僕にこんな言葉をかけてくれました。「センセイと生徒の関わりを見て、ほのぼのとした気持ちになりました」「西中生は心が育っているなと思い、感心しました。これからも、生徒の心を育ててやってください」。生徒が褒められると、教師はうれしいものです。

秋田西中では校内でも電動車いすを使っています。僕の場合、腕の力で車いすをこぐことができないので、電動車いすを利用しています。普段、歩行と電動車いすを上手く使い分けて、教師生活を過ごしています。例えば、体育館で集会をするときの整列指導は、電動車いすを活用したほうが自由に動くことができて便利です。

赴任した4月初め、電動車いすに乗っている僕を、どのように受け止めるのか、少し気になりました。入学して1週間が過ぎたころ、生徒が「センセイ、車いすを押すよ」。それ以来、生徒が電動を手動に切り替えて、自然と車いすを押してくれるようになりました。休み時間や放課後に、「次の教室はどこ。センセイ、どこに行きたいの」と声をかけ、僕を連れて行きます。

生徒は車いすを押したいらしく、ときどき、車いすの取り合いになります。また、「センセイ、乗らせてよ」と生徒。実際に操作をしてみて「結構、難しいな」と言っています。僕が「そうだよ。だって、運転免許が必要だもん」と冗談を言うと、生徒はビックリした様子を見せます。その表情を見て、僕は笑っています。

生徒には、普段の行為に自信を持ってもらいたくて「学校生活で、みなさんの何気ない行為が人の心に届くんだよ」といつも伝えています。

4　生徒たちの来訪――生活の工夫「生きた教材」に

時々生徒が自宅へ遊びに来ます。昨年4月から今まで、何人が遊びにきただろうか。たぶん、30人以上の生徒が遊びに来ただろう。

昨年の5月中旬。ある生徒が「今度の日曜日に、三戸先生のアパートに遊びに行くよ。何時ごろがいいの？」と聞いてきました。「午後がいいよ」と答えました。「みんなで、午後2時ごろに先生のうちに行くからね」と生徒。いったい何人が遊びに来るのか分からないでいました。

約束の時間まで、雑誌や本の整理整頓をしたり、食器を洗ったり、部屋の掃除をしたりしていました。午後2時ごろ、数台の自転車が止まる音。間もなく「ピンポ～ン」とチャイムが鳴りました。ゆっくりとドアを開けると、「こんにちは」と生徒の顔が飛び出しました。その数なんと11人。狭い玄関は、生徒の靴で埋まりました。

「ここの場所を教えてなかったから、迷うかと心配したよ」と言うと、「アパートの前に先生の電動車いすを見つけて、先生の家かなあと。やっぱり、当たっていたね」と生徒がニコニコして答えました。

その日は、生徒と話をしたり、インターネットやトランプをしたりして遊び、午後4時頃、全員が帰りました。

それ以来、生徒が遊びに来ます。「アパートの入り口にあるスロープは、歩きやすくするために付けたの？」「玄関に手すりをつけて、部屋に入りやすくしているの？」「風呂場に、なぜ板を敷いているの？」「最近、ベッドを買ったの？」といろいろと疑問をぶつけてきます。

「スロープや手すりは、大家さんの許可を得て、僕が付けた。もし、許可がなければ、このアパートに住むことができなかった。だから、大家さんに感謝しているよ」「風呂場に、高さ10㎝のスノコを敷くことで、浴槽に入りやすくなるのだ」「リハビリのお医者さんが『布団よりもベッドのほうが体にいい』とアドバイスをくれたので、ベッドにしたんだ」などと答えると、どの生徒も「先生が生活しやすいように、工夫をしているね」と納得します。

初めて、僕の部屋に遊びに来た生徒は、自分の部屋にないものに興味を持つようです。生徒とたわいのない話をしたり、音楽を聴いたり。時々、数学のテキストを持参して質問する生徒もいますが……。

母は「生徒に好かれているようだね。嫌いな人の家に遊びに行きたいと思わないでしょう。私が中学校のとき、先生の家に遊びに行ったことを今でも覚えているわ。あなたは生徒にとって『生きた教材』なんだから」と言います。教師の自宅に、生徒が遊びに行くことに異論のある方もいると思いますが、僕が生徒なら、先生の家に遊びに行きたいと思います。

遊びにきた生徒に、「記録ノート」にコメントを書いてもらっています。「記録ノート」に、たくさんのコメントを書いてくれるかどうかは、学校での生徒とのかかわり方次第です。『生きた教材』とは何だろうと自問自答しつつ生徒と接しています。

なお、女子生徒が遊びにくるときは「決して一人で来ないよう、友だちと一緒に来るように」と言っています。昨今の社会情勢から、誤解を招く恐れがあるからです。これも一つの教育と勝手に思っています。

5　鹿嶋祭り――新屋地域の温かさ伝わる

6月12日に日吉神社（秋田市新屋日吉町）の「鹿嶋祭」がありました。毎年6月第二日曜、「鹿嶋大明神」ののぼりを持った子どもを先頭に、色とりどりに飾られた「鹿島船」をひいて練り歩く子どもの祭りです。子どもの成長と無病息災を祈る祭りで、３００年の伝統をもつと言われています。

小学校のとき、僕もこの祭りに参加していました。太鼓の音に合わせて〝ショッショョッショッ！　鹿嶋のおぐりしょう、ショッショョッショッ！　寺のかげまでおぐりまでしょ〟と鹿嶋唄を歌いながら、鹿島船を引っ張りました。

今年は新屋に住む地域の一人として、鹿島祭にかかわりました。

祭りの1週間前から、午後6時を過ぎると、町内の会館で、町の人たちが鹿嶋船に載せる搭載物を作りました。僕は学校から真っ直ぐ会館に電動車いすを走らせ、午後9時ごろまで、作業しました。「先生が祭りに来てくれてうれしいよ」「先生、当日は電動車いすで鹿嶋船といっしょに歩くんだすべぇ」と地域の方。

祭りでは家中の災いを背負わせた武者人形を鹿嶋船に載せます。ハサミとノリで、この武者人形を町内の方といっしょに作りました。僕は手先が器用でないけれども、コミュニケーションを取りながら作業した2時間は楽しいひとときでした。

祭りの朝は小雨交じり。午前10時ごろから、子どもたちが出発場所に集まってきました。地域の方が僕に祭りのはんてんを着せてくれ、帯を締めてもらうと気持ちが高まってきました。

午前10時40分ごろ、公立美術短大前を出発。太鼓を鳴らし、町内を練り歩きました。久しぶりの太鼓の響きに、子どもの頃を思い出しました。町の人は、太鼓の音が聞こえてくると玄関先に出てきて、鹿島船の搭載物を見て感嘆したり、「いってらっしゃい」と子どもたちへ手を振ったりしていました。昔と変わらない光景に安心しました。

他の町の鹿嶋船とすれ違っては、趣向を凝らした搭載物を見て楽しみました。子どもたちは小雨が降りしきる中、鹿嶋船を引っ張り、神社でお払いをしてもらった後、町内に戻りました。

「先生には、もっとこの地域を知ってほしい」「今度、町内の行事があったら気軽に参加してね」。祭りの直会で、お酒を酌み交わしながらお互いの労を労いました。

子どもの頃、ワクワクした祭りでしたが、今回、子どものときには感じなかった苦労や「健康に育ってほしい」という大人の思いが伝わってきました。新屋地域の人の温かさでした。温かさは子どもを育てると思います。地域の方の祭りへの思いは、そのまま子どもたちへのメッセージでした。

「この地域で、自分が育ち、現在の僕が存在する」と思うと、心が熱くなってきました。

また、祭りを通して地域のまとまりを感じました。助け合いや支えあいは、人とのかかわりの中から生まれてきます。地域に住む障害者として、地域の行事に積極的にかかわることで、理解が生まれてくるような気がします。顔見知りが増え、気軽に声をかけたり、かけられたり。さらに、一人の教師として地域を知ることがその地域で育つ生徒の理解へとつながっていくと思います。

町内のみなさんには、感謝の気持ちでいっぱいです。改めて〝お祭り好き〟を自覚しました。

6　バーベキュー――地域の協力で焼き鳥初体験

雄物川の花火大会があった8月11日の晩、自宅近くの広場でバーベキューをしました。6月の鹿嶋祭で知り合った町内のAさんから勧められ、やりたいなあと考えていました。中学校卒業後、担任の先生が大森山グリーン広場でバーベキューしてくれた思い出も頭に残っていました。

花火大会の1週間前、そのAさんに相談し、協力を取り付けました。場所は町内会館の隣の広場。「設営はこちらでやるので、先生は肉や野菜を買って、生徒と楽しんでください」とAさん。手足に障害のある僕にとって、会場設営は一人では困難なので、サポートは助かります。

夏休み中なので、直接生徒に呼びかけず、僕がバーベキューをしているところに、花火を見に来た生徒たちが立ち寄れるようにしようと考えました。

10日の予定だった花火大会は、降雨の心配から11日に順延になり、当てにしていた友達が来られないことに。弱りましたが、11日の朝に別の友だちが来てくれることになりました。

当日の午後、生徒が何人来るのか検討が付かないため、豚肉と鶏肉を合わせて20人分と、野菜やジュースを買いました。

自宅アパートは雄物川に近く、午後6時ごろにはアパートの前をたくさんの人が歩いていました。

荷物を持って広場に行こうとしたとき、３人の男子生徒が「先生の電動車いす置き場に、自転車を置かせてほしい」と頼んできました。「近くでバーベキューをやるから、よかったらおいで」と誘うと、生徒は早速ついてきました。

電動車いすで2分弱。広場にはブルーシートとテーブル3卓、バーベキューセットなどが用意してありました。Aさんは電気を引き、照明も準備してくれていました。

生徒たちがホットプレートで肉を焼き始めると、川沿いを歩いていた別の生徒が「何をやっているの？」と集まってきました。

生徒が焼き肉をおいしそうに食べているときに、僕と友だちの大人2人は炭に火をつけることに悪戦苦闘していました。ようやく、炭に火が付き始めたころ、花火が始まりました。

網に肉を置き、うちわを仰ぎ、串を返して、焼き鳥を作るのは初体験でした。串を返し返し、ジューという音を立てて、肉が焼けていく様子に感動しました。生徒に焼きたてを勧めると、生徒はフーフー言いながら「おいしいよ」。

僕ら大人2人も、生徒が焼いた肉を食べながら花火を楽しみました。食べ終わった生徒が川へ向かうと、入れ替わるように2人の女子生徒が寄ってきました。

くつろぎながら花火を見ることができたせいか、この後もたくさんの生徒が集まってきました。「生徒が誰も来なかったらどうしよう」という僕の不安は、うれしくも裏切られました。

午後8時40分頃、花火が終わると、Aさんが「どうでしたか」と訪ねてきました。30人以上の生徒が来て、喜んでいたことを伝えました。Aさんは会場の撤去も買って出てくれました。

こうした野外パーティは、地域の協力がなければできません。Aさんに感謝しています。僕は、中学生のとき、先生が焼いてくれた焼き鳥の味を今でも覚えています。今年の花火大会は忘れられない夏休みの思い出になりそうです

8

転勤

1　転勤――伝わった「生徒といっしょ」

２００４年４月から、母校の秋田市立秋田西中学校に転勤し、教師生活を送ることとなりました。教師にとって学校の異動はつきものです。身辺整理をしながら、働き慣れた学校と、同僚の先生、生徒たちとの別れに感慨を深めています。

初任校の土崎中で過ごした3年間は、僕に「働くこと」を教えてくれました。壁にぶち当たり、悩んだときもありましたが、振り返ると、とても充実した毎日でした。同僚の先生方、生徒の保護者、地域の方々、そして、何よりも生徒に感謝します。

3年前、校長先生から「部活は港囃子保存部を担当してください」と言われ、「港囃子？」と困惑しました。土崎の港祭りは知っていても、港囃子は見たことがありませんでした。

部活の生徒と顔合わせしたとき、初めて聞く「寄せ囃子」は、異文化のにおいがしました。

あれから3年。中学校総合体育大会で、野球の応援でスタンド中に「寄せ囃子」を鳴り響かせました。休日には地域の方も笛を持って加勢してくれたり、文化祭に「港囃子保存部」の演奏を聞きにきてくれたりしました。そして、7月の土崎曳き山祭り……。いつの間にか太鼓・笛・鐘の音に心地よさを感じるようになりました。

土崎中で、一つだけやり残したことがあります。それは、学級担任になること。これは僕の熱望であり、いつの間にか生徒の熱望でもありました。年度の終わりごろ、「先生、私たちの担任になってよ」と数人の生徒が言ってくれました。教師として、この上のない言葉。「先生のこと、1年間待ったんだからな。今度こそ、オレたちの担任だね」と言って、ニッコリ笑った2年生の男子生徒。生徒の言葉に勇気づけられ、励まされました。

「どうして担任は持てないの？　私は大丈夫と思うよ」「障害があるから？」。学級担任として他の先生方と一緒に働く姿を見せることが大切なのでないでしょうか。生徒たちに「障害があるから、担任はできない」というイメージを抱いてほしくない。

僕の学級担任の姿を見せることができなくて、残念です。

僕がかかわった生徒は、いつまでも僕の生徒です。僕の教育理念は、生徒一人ひとりが自分らしく、笑顔がステキな人間になってもらうこと。僕もそう生きていかなければと思います。僕のモットーの「生徒といっしょに」は、生徒に十分に伝わった気がします。「先生のクラスになりたい」という生徒の言葉はその証しです。電動車いすで通勤する姿、階段の上り下りに肩を借りる様子、最初は何を言っているのか分からないけど、慣れると分かってくる言葉……。生徒は僕を一人の教師としてしっかりと受け止めてくれました。

ある生徒の言葉です。「先生ができることは、先生がやって。できないことは、私たちやるから。当たり前じゃん。だって、私たちの先生だもん」

2　新任校――「障害者が担任」当然の風景に

4月。それぞれの新しい生活が始まり、人との出会いがあります。この時期、すべての人に良いスタートを切ってほしいと願っています。

２００４年度から、秋田市内のすべての小・中学校は4月～9月まで前学期、秋休みを挟んで、10月から3月まで後学期と呼ぶ2学期制となりました。5日の新任式で生徒と初めて会い、母校での教師生活が始まりました。

3月26日、新任校へあいさつに行ったとき、前校長先生（昨年度の校長先生は退職されて、今年度は新校長が着任されました）から校内人事の話がありました。「1年部の学年所属で、がんばってほしい」。教師生活4年目ですが、今年度も念願の学級担任を持つことができませんでした。「どうしてなのだろう」と疑問に思い、その場で理由を聞きました。一つは安全面、もう一つは生徒や保護者の意見が分からないということでした。

僕は、地震や火事が起こった場合の対応は、学校全体で考えることだと思います。学級担任で安全面が心配ならば、授業中でも同じことが言えます。前任校の土崎中では、一人で授業をしていました。僕の授業中、地震や火事が起これば、僕が対応することになります。土崎中の3年間、安全面で全く問題が起こりませんでした。また、不安に思う保護者がいるのなら、「不安に思うあなたにこそ、心にバリアがあるのでは……」と逆に諭してほしいと思います。

前校長先生は「差別はしていない」と言っていましたが、「障害があるからこそ、担任にできない」のでしょう。そこに差別を感じます。一人ひとりの生徒が「三戸先生は障害があるから担任になれない」という偏見を抱くことを心配しています。中学校数学教師になって、周りに「障害者は教師になれない」という人はいません。さらに一歩進んで、「障害者が学級担任をやっている姿が当たり前の学校風景」にしていきたいと思っています。

「石の上にも三年」と言うように、学級担任を目指して、3年間の修業をしました。この先、何年間修業すれば良いのか……疑問を感じます。近い将来、今以上に障害者が身近な存在になり、障害者が学級担任をやることは、珍しくなくなる日がくると思います。また、そういう状況にしていかなければなりません。その一歩を踏み出していきたいのです。

新任校は生徒・先生方が変わります。「ゼロからの出発」で、新しい人間関係を築いていきます。前任校の経験が新任校で通じるかどうか……。このように悩みながら、教師は成長していくのだなと実感しています。

3　母校の1カ月――無意識に口ずさんだ校歌

先日まで、秋田市の新屋大川端帯状公園で桜まつりが行なわれていました。教室から桜並木が一望できます。母校に赴任して、1カ月が過ぎようとしています。

「やっぱり、西中は母校だな……」と思ったことがありました。それは12年ぶりの校歌です。母校へ赴任が決まったとき、前任校のある先生に「校歌を覚えているか」と聞かれました。「中学校3年間で、あれだけ歌ったのだから覚えているはず」と口ずさもうとしましたら……すっかり忘れていました。

5日の新任式の中で、校歌斉唱がありました。僕は隣の先生の肩を借りて、起立しました。ピアノ伴奏を聞いたとき、前任校では忘れていた歌詞を、無意識に口ずさんでいました。壇上に向かって起立して校歌を歌っている生徒に、自分の姿を重ね、大きな声で歌っていました。校舎はほとんど当時のままで、この教室で過ごしたこと、ここで女子生徒にチョコをもらったこと……、いろいろな中学校の思い出がよみがえります。

新屋地区は、僕が育った地域です。この地域で育ったからこそ、今の僕があります。生徒と思いきりかかわり、より良く育てていくことが地域への恩返しと思っています。地域の方々への感謝の気持ちを忘れないで、教師生活を送っていこうと思います。

6日の入学式。先生方に背広から礼服への着替えを頼みました。ボタンの付け外しとネクタイをやってもらいました。このようなことを通して、同僚の先生方に僕のことを知ってもらいながら、コミュニケーションを図っていきます。

1年生の学年集会で、生徒たちには、こう自己紹介しました。「この壇上に上がるときもサポートの人が必要です。学校生活で、いろいろな不便さがあると思います。その不便さをみんなといっしょに乗り越えていきたい」

学年集会が終わった後、生徒が集まり「センセイ、不便なことがあったら、何でも僕たちに言って」と言ってくれました。思わず、頭をなでました。

4　転勤(2)——初の秋田市以外生活面に不安

母校の秋田西中での3年間の教師生活に別れを告げ、2007年4月から、由利本荘市立本荘東中学校に赴任することとなりました。初めての秋田市以外での勤務。一教師として、力量を高めることができる絶好の機会と考えています。

本荘東中は、05年度に開校。校内にエレベータが設置され、玄関は段差がありません。電動車いすを使用する僕にとって働きやすい環境です。

でも、日常生活には不安があります。これまでと同じように学区内から通おうと、異動発表後、不動産屋を回り、アパート探しを始めました。

「浴槽が広く、浅いこと」「浴室、トイレなどに手すりやスロープを付けることを大家さんが許可してくれること」「電動車いすの置き場の確保」「学校、スーパー、病院などが車いすで移動可能な範囲にあること」……。

これらの条件を不動産屋に伝えました。その対応は、6年前と明らかな変化があります。

最初の赴任校の土崎中学校（秋田市）の学区内に引っ越すとき、必ず不動産屋に言われました。「本当に一人暮らしができますか。火事が起こったら、どうするの」と。

でも今回は断られることもなく、不動産屋も大家さんも僕の気持ちを受け止めてくれました。ただ、条件に合う物件が少なく苦労しました。

休日、友人や母とアパート探しをして、ある物件を見つけました。その物件は、大家さんが改造しても良いとのこと、スーパーも近くにあります。日常生活に不便はないのですが、アパートから学校までを電動車いすで歩くと、35分もかかりました。雨の日や冬を考えると通勤は難しいと感じました。

出勤時と帰宅後の支援も課題です。現在は、午前6時40分~午前7時40分の1時間、ホームヘルパーの支援を受けています。内容は朝食、着替え、部屋の掃除などです。週3日はホームヘルパー、週2日は秋田市内に住む母親の支援を受けています。

転勤すると、母親の支援は受けられなくなります。職業柄、帰宅時間はまちまち。そんな生活に合わせた支援が受けられるかどうか……。

先日赴任のあいさつに行き、校長や市教委の担当者、福祉関係者らと生活支援を相談しました。4月から、社会的なシステムによる支援を受けることができそうなので、不安は少し解消されました。アパートも決まりホッとしています。

今年は、第7回全国障害者スポーツ大会（秋田わか杉大会）があります。この大会の卓球競技に出場したいので、由利本荘市内で練習する場所を探さなくてはいけません。秋田市で卓球仲間と知り合ったように、新たな仲間を作りたいと思います。

いろいろと考えると気が遠くなりそうです。でも、僕は講演会などで、「共に生きることは、現実を通して考えていくことなんだよ」と呼びかけています。今回の転勤は、生活面に不安や課題がありますす。それらを一人で抱え込むのでなく、多くの人の協力を得ながら、教師生活を送っていきたいと思います。

5 新生活――みんなの支え感謝いっぱい

由利本荘市での生活が始まって、約1カ月。初めての土地に慣れようと、精いっぱいの毎日を過ごしています。土地勘もなく「○○にタクシーで行くと、何分くらいかかりますか」など、同僚によく尋ねています。

本荘東中に赴任するとき、僕は生活支援に一番の不安を感じていました。が、その不安も少しずつ薄れつつあります。

現在、市の障害者福祉サービスで、平日の朝と夜の1日2回、ヘルパーさんの生活支援を受けています。毎日の通勤は4月から始まった「移動支援事業」による介護タクシーを利用。月30時間までは1割負担で乗車できます。これまでの経験では、ヘルパー支援を増やすための申請は、医師の診断書が必要でした。申請の決定にも、時間がかかりました。だから、新年度から支援を受けるのは無理だろうと思っていました。ところが、市は僕が希望する生活支援を認めてくれました。現在の生活があるのも、住民のニーズに沿った行政のおかげです。

午前6時半。ヘルパーさんによる支援が始まります。まずは朝食の準備。30分かけて朝食を食べると、今度は身支度。ワイシャツやネクタイ、背広を着せてもらい、寝癖もとってもらいます。

そうこうしていると、「おはようございます」と、介護タクシーの運転手さんの声。こうして僕は、電動車いすで介護タクシーへ。学校までは5分ほど。タクシーは帰宅時の午後6時半にも、学校へ迎えに来ます。

夜は時間にゆとりがあるので、夕食もゆっくり食べます。ヘルパーさんは「嫌いな物はありませんか」と気遣ってくれます。僕は「毎日、ヘルパーさんの違う料理を食べることができて、楽しんでいますよ」と答えます。

ヘルパーさんが帰り際、サービス提供記録を記入します。その用紙の特記事項に、コメントを書き込む欄があります。「初めて生徒さんを前にし、緊張したのでは」「明日の学校での歓迎会、楽しんできてください」などなど。ヘルパーさんのコメントを、毎日読むのが楽しみになっています。ヘルパーさんや介護タクシーの運転手さんら、多くの人が僕の生活を支えてくれています。みんな生活に欠くことができません。感謝の気持ちでいっぱいです。

下宿するアパートの大家さんのあたたかさにも触れました。「バリアフリーの時代だから、あなたが使いやすいようにしてもいいよ」と、手すりを付けることを許可してくれたからです。ただ、手すりを取り付ける業者と日程が合わず、風呂場の手すりが間に合いませんでした。今はシャワーだけの日々ですが、休日になると友人が銭湯に連れて行ってくれます。まもなく手すりが付く予定で、自宅で入浴できることを楽しみにしています。

僕の転勤が決まったとき、母は「私が仕事を辞めて、息子と一緒に暮らしたほうが良いのだろうか」と悩んだそうです。最近、土日ごとにやって来る母は、僕の生活ぶりを聞くと、「仕事を辞めなくて良かった」と一言。

秋田市以外のことは何も知らなかった僕。学校の窓からは、鳥海山が見えます。こんな小さなことも新鮮に感じます。これからは、地域のことをもっと知り、多くの友人を作っていきたいです。

9 私の視点

1　バリアフリー――障害者に優しい学校に

私は脳性まひの数学教師です。今春から母校に勤務しています。手足と言語に障害があり、歩行は可能ですが、通勤時や校内での移動には、電動の車いすを利用しています。ふだんは、いすに座って授業をしています。自分では黒板書きは困難なので、生徒に書いてもらったり、事前に印刷したカードを黒板に張ったりしながら、進めています。

4年前に教師を目指したとき、周りの方は「いまの学校を取り巻く職場環境では、勤務は難しいのでは」と、障害者雇用に実績のある企業を勧められました。

いま、学校の施設は、障害者にはつらいものがあります。2階や3階の教室で授業をするときは、同僚や生徒に肩を借りて、階段を上り下りしています。不特定多数が利用する建物にバリアフリー化を義務づける「ハートビル法」の改正法が昨春施行されましたが、事実上「努力義務」のレベルにとどまっています。

この夏、秋田県教委主催の研修旅行で米国アーカンソー州を訪れ、障害者が社会にとけ込み身近な存在になっていると感じました。

アーカンソー大学の障害学生センターでは、全学の5％を占める障害者に対して、さまざまな支援活動がなされていました。また、障害者自立支援施設は、１００人の障害者をスタッフ65人が支え、中学校は1階建てで、段差がなく電動車いすで移動が可能だし、障害者用トイレもありました。

米国では、90年代に施行された障害者法で障害者の社会参加を支援することになっており、障害者が利用できない施設は「差別」とみなされます。健常児と区別せずに学ばせるという理念を実践するため、学校の施設は障害者が過ごしやすくなっています。米国の教師たちからは、「障害のことは気にしないで教師と生徒の信頼関係を大切にし、自信を持って教育に当たれ」と背中を押されました。多感な時期に健常者と別々に過ごさせながら、18歳から、障害のある人がふつうに生活できる「ノーマライゼーション」を唱える日本とは、大きな違いがあると感じました。

すべての生徒が生活しやすい学校であれば、障害のある教師にとっても働きやすい学校です。私の働きやすい職場環境を整えていくことは、すべての生徒が生活しやすい学校につながると確信しました。

２００4年12月25日付

2 いじめ対策――有効な障害者教員の採用

相次ぐ子どもの「いじめ自殺」を聞くたび、公立中学校に勤める障害者教員の私は「学校を、もっと子ども一人ひとりの違いを大切にし、助け合うことを実感できる場にしていきたい」と痛感する。そのため、これまで以上に、学校が多様な人間が生活する場になるよう、心から望む。

京都府を除く46の都道府県教育委員会が障害者の法定雇用率（2・0％）を達成しておらず（全体平均は1・33％）、厚生労働省が具体的な目標数値を明示し指導強化するように通達――との朝日新聞記事を2006年10月に読んだ。こうした点の改善も大切と思う。

私は生まれつきの脳性まひで、手足と言語に障害がある。通勤時や校内では電動車いすを使い、階段の上り下りは同僚に昇降機の操作を頼んでいる。パソコンで印字できない書類は同僚に代筆してもらったり、雨や雪の日は帰りがけに車で送ってもらったりする。

私はまた、給食でパンの袋が開けられないとき、近くの生徒に「開けてください」と頼む。「お互いに助け合って生きていこう」と語らなくても、実際に助けを必要としているものを目の前にして、生徒はごく自然な形で助けてくれる。

そして、そうしたやりとりが日常化すると、生徒は自分が必要とされていることを実感する。人には「できること」と「できないこと」があり、誰かに助けてもらいながら生きていることを理解する。強い自分でなく、ありのままの自分を見せても周りが受け止めてくれる安心感が、みなの意識の中に芽生えてくる。

各県教育委員会の法定雇用率に実際の雇用が遠く及ばない要因の一つに、教育機関で働く職員の大半は教員免許取得者であることがあげられる。その取得は短大や大学の卒業が前提となっており、多くの県教委は「受け入れたいが、障害者で採用試験を受ける人が少ない」と説明する。法定雇用率を達成するため、障害を持つ子どもたちに職業選択の一つとして「教員」を意識してもらい、「免許を取って先生になりたい」と志す者の数を増やしていくことは急務だろう。

併せて全国の公立学校が法定雇用率を満たすための職場環境を整えることも、それ以上に大切だ。これまで私は様々な教師に出会ってきた。運動会でビリでもいいから走ろうとする私を受け止めてくれた教師。「ケガでもしたら、どうするの」と受け止めようとしなかった教師。ほのぼのとした前者の教室で、私はありのままの姿を発揮でき、人はそれぞれ違いがあり、それを尊重することの大切さを学んだ。そんな思いの積み重ねが教師を志す動機となった。

いじめは障害者法定雇用率を満たしたからといって、それでたしかに減るとは限らない。しかし、助け合う行為からしか、人を思いやる気持ちや自分を大切にする気持ちは育たない。

自分を大切にし、相手を思いやる経験を積み重ねることで、子どもたち一人ひとりの豊かな人権意識は育っていくものと確信する。

２００７年2月1日付

3　障害者との共生――「合理的配慮」を考えて

私は出生時に脳性まひになり、手足や言語に障害があるが、小中高校と普通学級に学び、大学の教育学部を卒業して教員となった。中学校で数学を教えて15年になる。

日本政府が批准した障害者権利条約は、障害のある者が、障害を理由に一般的な教育制度から排除されないことをうたっている。それは、障害のない者とともに学ぶ「インクルーシブ教育」の実現であり、生徒だけでなく教職員も障害の有無にかかわらず共に働く環境づくりが大切だ。

そのために、２０１６年４月から施行される障害者差別解消法、改正障害者雇用促進法を、生活の場に生かしていきたい。法に盛り込まれた差別解消のための「合理的配慮の提供」がカギになる。それは障害のある者が、ない者と平等な状況をつくるための変更や調整を意味し、例えば車いす用の設備を整えたり、点字や手話通訳を準備したりすることだ。

社会生活で不都合が生じないよう工夫してほしいと障害者が要望すれば、「合理的配慮」の提供が求められる。それは際限のないものではなく、「過度の負担」とならない範囲だが、公立学校や行政機関などでは提供は法的義務とされ、提供しなければ、障害者への差別になる。

合理的配慮の提供は、障害者の私が障害のない人と対等に社会生活を営むうえで生じる「壁」を取り除くことであり、誰もが自分らしく生きていけるよう社会を変えることでもある。障害者が望む合理的配慮は一人ひとり異なり、行政機関などが一方的に押し付けるものではない。障害者と話し合い、その意向を十分に尊重することが大切だ。

これまで、私が「みんなといっしょにやりたい」と伝えても、「何もしなくていいよ」と言われてきた。みんなと違う扱いをされ、「差別ではないか」と反論すると「配慮だ。一人ではできないでしょ」と言われた。これは合理的配慮ではなく、差別意識に基づく排除だと思う。

また、周りの人が同情やあわれみから私の車いすを押してくれ、嫌々ながらやっていることも私は敏感に感じてきた。これでは車いすを押すだけで終わってしまい、社会は何も変わらない。そして「車いすでの移動は大変だ」と、またしても排除の論理で語られる。障害者は「合理的配慮」があれば、みんなと一緒に「できる」ようになるのに。

これからは、合理的配慮の提供を通じて人々が障害の特性について正しい知識を得て理解を深め、共生への道が生まれることを信じる。障害のある教師が合理的配慮を提供されて働く姿を通して、教育現場から共生社会の礎を築いていくことが、私の大きな役割だと思う。

２０１６年１月30日付

4 障害者雇用の推進――当事者も関わり体制整備を

私は生まれつきの脳性まひ者で、身体障害者手帳1級の障害のある教師だ。手足と言語に障害があり、職場内は主に電動車いすで移動する。

2019年、文部科学省は「障害者活躍推進プラン」を発表した。障害のある教師などが身近にいることで、(1) 障害のある人に対する知識が深まる、(2) 障害のある児童生徒等にとってのロールモデルとなる、などの教育的効果が期待されている。教育する側が意図するかにかかわらず、児童生徒自らが学びとっていくことがらだ。

この効果を十分発揮するためには、4月施行の改正障害者雇用促進法を働く現場に生かす必要がある。同法には、二つの大きな柱があると考える。

一つは、障害のある職員が活躍できるようにするための「障害者活躍推進計画」を、行政機関が策定することが義務づけられたことだ。計画づくりには、障害のある職員が参画する体制作りが重要とされている。職員を抜きに、雇用主だけで計画を策定することのないよう注視したい。

もう一つは、計画実施の責任者の配置である。私自身も、障害者雇用に関する業務を担当する部署が分からず、たらい回しにされた経験がある。責任者を明確にした上で、障害のある職員との連携を密に、計画を実施していけることが望ましい。

今後は、様々な支援体制の充実も必要だ。その一つが通勤手段の確保で、特に公共交通機関の少ない地方都市では課題だ。昨年10月、秋田県では県職員に対して、タクシーやハイヤーを通勤手段として認め、5万5千円を上限に通勤手当を支給する制度改正がなされた。これにより働く障害者はもっと増えるだろう。

障害のある職員は、雇用され給与がもらえればそれでよい存在なのだろうか。仕事のやりがいや達成感を感じられるよう、仕事内容を話し合い、その意向を尊重した合理的配慮を提供し、雇用の質を高める体制づくりが大切だ。

さらに、経験年数に応じたキャリアアップの視点も重要である。一般職員と同様の仕事内容ができるよう環境を整えること、賃金、配置、昇進などの機会も一般職員と同様にすることは、障害者が活躍する支えになる。経験を積めなければ、力量の幅を広げる機会も逃してしまう。

併せて、知的障害者、精神障害者などの雇用も拡大すること。障害者が個性や能力を生かして働くことは、「みんなちがって、みんないい」という多様性を認め合う社会の構築につながる。

障害者雇用を一時的なブームに終わらせてはならない。今年を障害者活躍推進社会元年にするため、障害のある職員として、働く現場から発信し続ける覚悟である。

２０２０年3月4日付

エピローグ

教師を続けている限り、僕の教え子は増え続ける。元プロ野球選手の野村克也氏（故人）の座右の銘で、僕の支えになっている名言がある。

【金を残すは三流、名を残すは二流、人を残すは一流】

人を残すとは、どういうことだろうかと自問自答している。

現在は、さまざまなバックグラウンドや特徴を認め合い、尊重し合い、互いに支え合う多様性社会であると言われている。多様性社会は誰もが活躍できる社会であり、誰もが生きやすい社会であると言われているが、本当にそうだろうか。

多様性社会を、僕は交流でなく、共生・協働する社会と考えている。朝日新聞秋田版で「ガクちゃん先生の学校通信」の新聞連載をしていた頃より、社会的マイノリティの認識が共有され、その当事者の発言が受け入れられるようになってきたと感じる。確かに、障害者法定雇用率は少しずつ伸びており、これからも働く障害者が少しずつ増えていくだろう。しかし、障害者は働く機会を与えられると良い存在だろうか。毎日、働いていて、大切なことは雇用の質を高めることではないかと思う。働きながら、自己有用感を高めたり、満足感や達成感を味わったりすることが必要だと思う。働きながら、人が成長していくことを大切にしたいと思う。

障害者は一人でできる仕事を与えられることが多い。一人でできない仕事は、与えられない傾向がある。障害者が仕事をするためには、適切な支援やアクセシビリティの整備が必要である。障害者雇用の促進というものの、社会的マイノリティが働くための環境整備は、まだまだ不十分である。

僕自身も、障害があるために、教師の仕事をこなすときに適切な支援が必要なときもある。一人では難しくても、適切な支援があればできる仕事がある。必要なことは、適切な支援を受けながら仕事をしていくことだと思う。よく、生徒にこんな話をする。

「足を引っ張る人でなく、手を引っ張る人になってください。足を引っ張ると人は転んでしまい、立ち上がることはできません。手を引っ張ると、人は立ち上がることができます」

私たちはみんな、時には手を引っ張られることが必要なときもある。そんなときは、勇気を持って手を差し伸べる人に手を引っ張ってもらう。人は一人で生きているわけではない。私たちの周りには、支えてくれる人たちがたくさんいる。一人で抱え込む必要はなく、お互いに手を差し伸べ合い、支え合いながら、共に成長していく。

誰もが時には支援を必要とすることがある。誰かを手助けすることで、自分自身も成長し、人として豊かになると思う。互いに支え合うことで、より良い社会を築いていくことができる。

多様性社会は互いに手を取り合い、誰もが活躍する場面を与えられ、企業や社会が発展する社会である。よく障害者は支援の対象と扱われることが多い。僕の教師としての指導力、数学教師としての指導力を見てほしいと願う。障害者としての特性を子どもたちの育ちに生かしていくことは、僕の指導力である。

「今度生まれるときも、今と同じ自分で生まれてきたい」

「こんな自分でもいいんだ」

自分自身を愛することができると、自分の弱さや不完全さを受け入れ、周りの人を愛し、相手の立場や感情を理解し、思いやりのある行動ができるようになる。

人は一人ひとり能力や個性を持っている。それを見出し、育て、自己有用感を育むことが僕の目指す「人を残す」一流の教師である。教師としての自己実現であり、生きがいである。

佐藤幹夫著『彼はなぜ担任になれないのですか』（言視舎）が出版になるとき、オンラインで話したことが言視舎の杉山尚次さんとの出会いである。杉山さんをはじめとする多くの方々のご支援により、本書は実現することができた。心から感謝している。

僕の日常生活は、差別ではなく配慮だと言いながら、社会参加や活動を制限されたり、排除されたりしたことがある。僕に配慮したとの理由で、僕の意思や希望を無視されたり、僕を守るため、傷つかないように、他の教師と同様な仕事をする経験やキャリアアップの機会が少なかったり……配慮による排除に苦しんできた。

配慮による排除は、表面的には配慮しているように見えて、実際には障害者の自立や自己決定を妨げたり、社会的な差別や偏見を強化したりする可能性がある。

本書を通じて、配慮による排除、障害を持つ人たちがもつ可能性について考えるきっかけとなることを願っている。

なお、自分らしく生きることができるように、尊厳を重んじる観点から、最近では「障がい」という言葉が一般的に使われています。本書では、「障害」は個人が解決すべきものではなく、社会全体の課題との認識のもと、あえて「障害」という表記を使用し、より明確に社会の課題として捉えることにしています。

２０２３年５月

三戸　学

※本書は2003年6月11日~2008年3月29日まで朝日新聞秋田版に連載したもの、同紙掲載「私の視点」を再構成したものです。

[著者紹介]
三戸 学（さんのへ・まなぶ）

１９７６年秋田県生まれ。先天性の脳性マヒ、手足と言語に障害がある。秋田県立秋田南高等学校卒、山形大学教育学部卒、秋田大学大学院教育学研究科教科教育専攻（数学教育）修士課程修了。２００１年４月から、数学教師として秋田県内の中学校に勤務。子ども向けバリアフリー学習のガイドライン作成に向けた有識者検討委員会委員（国土交通省）として、発言してきた。主な受賞歴に、第５回全国ボランティアフェスティバル作文コンクール一般の部厚生大臣賞、第４回NHK ハート展入選、日本教育再興連盟賞、「心の輪を広げる体験作文」高校生・一般部門内閣府特命担当大臣賞、第２８回公益信託斎藤六三郎記念数学教育研究助成基金個人賞。著書に『僕は結婚できますか？』（無明舎出版）、『マイ・ベクトル－夢をあきらめないで－』（グラフ社）がある。

装丁……佐々木正見
編集協力……田中はるか
DTP 制作……REN

[シリーズ現場から]
ガクちゃん先生の学校通信
隠れたカリキュラム、障害があるからできる教育実践

発行日❖2023 年 5 月 31 日　初版第 1 刷

著者
三戸 学

発行者
杉山尚次

発行所
株式会社言視舎
東京都千代田区富士見 2-2-2 〒 102-0071
電話 03-3234-5997　FAX 03-3234-5957
https://www.s-pn.jp/

印刷・製本
㈱厚徳社

ISBN 978-4-86565-247-5　C0336

言視舎刊行の関連書

シリーズ現場から　　978-4-86565-226-0

「車いすの先生」、奮闘の記録
彼はなぜ担任になれないのですか

佐藤幹夫 著

障害があり「車いすの先生」三戸学さんは中学の数学教師歴 22 年だが、何度希望しても担任になることができない。「学校の合理的配慮」という理不尽、内実のない「障害者との共生」や「教員の働き方改革」を問い直す問題提起の書。

四六判並製　定価 2200 円+税

シリーズ現場から　　978-4-86565-249-9

空気を読まない「がっこう」悩みごと相談

赤田圭亮 著

現場の事例だから説得力がある、役に立つ！　言うことをきかない生徒、不登校、いじめ、モンスターペアレント、管理職の横暴、定額働かされ放題、給特法、主幹教諭、役に立たない組合。忖度しない著者だからできる的確なアドバイス。

四六判並製　定価 1900 円+税

シリーズ現場から　　978-4-86565-230-7

教員のミカタ

「理不尽」をやっつける柔軟な思考と現場の力

赤田圭亮 著

困っている・悩んでいるセンセイ、必読！　誰のためなのかわからない「教育改革」。教員の労働環境、管理職・子どもたちの〝事件〟……問題山積の教育現場から、何をどう考え、解決したらいいのか、明確に論理を展開。

四六判並製　定価 2200 円+税